Quarante deux pouces de longueur ! qu'il approche le plus huppé des maris.......

MON VOYAGE,

OU

LETTRES

SUR LA CI-DEVANT PROVINCE DE NORMANDIE;

SUIVIES DE QUELQUES PIÈCES FUGITIVES;

Par C. L. CADET GASSICOURT.

> Les voyages sont à la mode.
> On veut s'instruire en voyageant :
> Moi, je suis une autre méthode,
> Je n'y cherche que l'agrément.
>
> OPÉRA DE PANURGE.

SECONDE PARTIE.

A PARIS,
Chez DESENNE, Libraire, au Palais Égalité, N.os 1 et 2.

AN VII.

TABLE.

SOMMAIRE DES LETTRES.

POÉSIES FUGITIVES.

Fin de la Table.

MON VOYAGE.

LETTRE PREMIÈRE.

Yvetot, le 21 septembre 1788.

CHARLES A EUGÉNIE.

On ne sauroit fuir son destin;
C'est une loi de la nature.
En vain la raison en murmure;
En vain le pape ou le rabbin
Du libre arbitre nous assure;
Tous deux y perdent leur latin.
Le sort d'une femme jolie
Est de céder au dieu malin
Qui fait le charme de la vie;
Mon sort est d'aimer Eugénie,
Et celui du mari chagrin,
A qui Lolotte est enchaînée,
Est de savoir qu'une journée
Souvent enrichit l'hyménée
D'un bois planté par son voisin.
Sans gémir de la loi commune,
Soumettons-nous à la fortune,
Puisqu'on ne peut fuir son destin.

Nous avons une preuve nouvelle de cette vérité, mon Eugénie, et comme

Hyppolite a été assez indiscret pour te conter l'aventure édifiante des bottes, je ne risque rien de t'apprendre la scène qui en a été la suite, scène que ce grave moraliste auroit peine à trouver bien sérieuse.

Ce matin, avant de quitter le Havre, nous avons voulu visiter *la foire*, pour juger quel peut être le commerce et la consommation intérieure du pays. Robert m'accompagnoit; nous avions déja fait deux ou trois tours dans l'enceinte, lorsque nous fûmes attirés par un *grimacier* qui, monté sur des tréteaux, haranguoit d'une manière burlesque les curieux qu'il invitoit à voir une ménagerie ambulante. —

« Prenez vos billets, crioit-il d'une » voix rauque, il n'y en aura pas » pour tout le monde; ceux qui n'en- » treront pas resteront dehors; c'est » superbe à voir ! — Et que verra-

» t-on, Paillasse? — Ce qu'on verra,
» messieurs? on verra le grand *Car-*
» *lala*, cet animal sans pareil, qui
» ne broute que quand il mange, et
» qui ne sommeille que quand il
» dort; cet animal qui a la taille
» d'un financier, les oreilles d'un
» auditeur des-comptes, le nez d'un
» inspecteur de police, le dos d'un
» huissier, les griffes d'un commis
» de la douane; on verra ce qu'on
» ne voit plus en France... une jeune
» tigresse! Ah! messieurs, regardez
» ce tableau; voyez-vous ce vénérable
» bouc de barbarie! il est vivant,
» messieurs, il est vivant! Et vous
» qui êtes connoisseuses, mesdames,
» avez-vous vu de plus belles cornes?
» vingt-huit pouces de longueur! on
» les croiroit Normandes. Qu'il ap-
» proche le plus huppé des maris,
» qu'il approche et qu'il compare sa
» coëffure.... » En disant ces mots,

il prend une toise et la promène en faisant des lazzis, sur la tête des assistans, puis il s'arrête et fixe, en grimaçant, un homme gros et court placé dans la foule. Tous les yeux se tournent de ce côté. A l'instant Robert jette un cri de surprise; cet homme interdit regarde le docteur, pâlit, chancelle et s'évanouit..... C'étoit le pauvre Denvermeu que l'apostrophe du Paillasse et la rencontre de Robert avoient frappé d'un coup imprévu. Lolotte tremblante lui prodigue ses soins. L'intrépide Robert veut aussi lui donner des secours; mais plus prudent que lui, je l'entraîne, et peu de temps après nous montons à cheval et sortons du Havre.

Pour distraire mon compagnon de voyage des réflexions un peu pénibles que devoient faire naître l'embarras où nous laissions la franche et sensible Lolotte, je mis la conversation sur les usages du pays de Caux.

Pourquoi, disois-je, les Cauchoises ont-elles conservé le costume du quatorzième siècle ? pourquoi les pêcheurs Dieppois portent-ils, comme du temps de Louis XI, *la braie des Gaulois*, le juste-au-corps sans plis ni boutons, les coutures couvertes d'un galon blanc, la toque noire à forme haute ? Cette insouciance pour la mode de leur pays, ou plutôt cet attachement à l'habit de leurs ancêtres, est fort difficile à expliquer; mais ce qui l'est moins, c'est la richesse dn pays de Caux, la beauté de ses habitans et leur probité. Deux colonnes élevées sur les confins du territoire portent cette inscription :

PAYS DE FRANCHISE.

Et le philosophe qui lit ces mots, y ajoute : Dans ce pays fertile, le cultivateur, long-temps exempt d'impôts, recueillit le fruit entier de son travail. La nature, belle par-tout où elle est heureuse et libre, fit jouir les habitans de ces contrées des véritables richesses que ne corrompoit point le luxe empoisonné des villes, et ne transmit à leurs enfans qu'un sang épuré, germe des vertus, de la force et de la beauté. On reconnoît en parcourant le pays de Caux, que protéger l'agriculture est pour tout gouvernement le moyen le plus sûr d'augmenter la puissance et l'éclat de sa nation.

Nous nous sommes arrêtés à Bolbec, jolie petite ville située dans une étroite vallée, au confluent de quatre vallons. Deux fois elle est devenue la proie des flammes, deux fois elle s'est relevée plus florissante et plus agréable. Le 14 juillet 1765, elle fut entièrement réduite en cendres;

maisons de commerce, d'agriculture, tout fut détruit et ruiné ; mais l'industrie, l'économie et la probité des Bolbecquois sont telles, que, malgré leurs pertes énormes, *le mot de faillite ne fut pas même prononcé*. Pour te donner une idée de leur industrieuse activité, je dois te dire que le soir, lorsque le laboureur fatigué revient de la charrue, ce n'est point en buvant, en jouant qu'il se délasse, mais en tricotant avec sa famille devant la porte de sa chaumière : ce qui dans un autre homme tel que le marquis du *Cercle*, mériteroit le mépris, excite pour ceux-ci l'admiration des gens sensés.

Ici, on nous proposa un détour de deux ou trois lieues pour aller voir *la Chaise de Gargantua*, montagne curieuse, dont la croupe a la forme d'un siége, pour visiter l'abbaye de Jumièges, où reposent les cendres des fils de Clovis II, massacrés par leur père (A), et celles d'*Agnès Sorel*[1], empoisonnée par l'ordre de Louis XI. Vous y verrez, nous dit-on, le portrait de cette belle maîtresse de Charles VII, orné des vers que fit pour elle François Ier.

Gentille Agnès, plus de loz tu mérite,
La cause étant de France recouvrer,
Que ce que peut dedans un cloître ouvrer
Clause nonain ou bien dévot hermite.

Quelqu'intéressante que fût Agnès, nous récitâmes pour *de profundis* le

---

1 Son véritable nom étoit Agnès Seurette, ainsi que le prouve son épitaphe.

Ci-gît demoiselle Agnès Seurette, en son vivant dame de Beauté, d'Issoudun et de Vernon-sur-Seine, piteuse aux pauvres, laquelle trépassa le 9 février en l'an 1449.

Son empoisonnement est une conjecture fondée sur l'atroce caractère de Louis XI; mais il n'y en eut aucune preuve.

premier chant de *la Pucelle*, et nous poursuivîmes notre route.

Enfin, ma charmante amie, nous voici dans le fameux royaume d'Yvetot, l'état le plus commode à gouverner. Du haut de son donjon, le souverain voit si l'ennemi n'a point envahi ses frontières, et avec un porte-voix il peut dicter des loix à tous ses sujets : cela m'a rappelé ce vers du roi de Cocagne :

« Cet empire s'étend une lieue à la ronde. »

Si le titre pompeux que portoient les seigneurs de ce petit canton est véritablement dû, comme on le croit, au remords que ressentit Clotaire d'avoir assassiné *Gauthier, sire d'Yvetot*, les descendans de ce petit monarque ont fait sagement de ne pas suivre un pareil exemple. On ne verroit que des princes sur la terre, si l'on donnoit des titres, des couronnes aux enfans de ceux qui furent les victimes des gouvernans. Nous avons voulu visiter le palais de Camille d'Albon, dernier souverain de cet état, et nous n'avons vu qu'une vieille masure en ruine, habitée par les chouettes et les hiboux. Satisfait d'en avoir fait rapidement le tour, j'ai pris mon crayon et j'ai écrit sur la porte :

Honneur de la riche Neustrie
Dans son antique seigneurie,
Sans portes, sans volets, sans vitres, sans châssis,
Sur tous les toits par les ans découverte,
Le roi d'Albon, à votre avis,
Ne tient-il pas maison ouverte ?

LETTRE II.

Rouen, le 23 septembre 1788.

ROBERT P... A HYPPOLITE D. L. P.

C'EST à vous, docte Hyppolite, métaphysicien des amours, législateur de la galanterie, que je veux faire hommage des observations que j'ai faites dans mon voyage : mais avant de vous parler de monumens antiques ou de phénomènes; je vous dois compte de l'effet qu'a produit dans notre société de Rouen ma petite aventure avec Lolotte Denvermeu; car l'ami Charles, en confident discret, n'a pas manqué d'en régaler les cercles, en l'ornant de tous les détails qui pouvoient la rendre piquante, sans cependant laisser connoître les personnages. Le croiriez-vous, mon cher Hyppolyte? toutes les femmes vieilles ou laides ont été pour moi. Les jeunes et les jolies se sont déclarées contre. Je n'ai pas été très-flatté de cette disposition. « Vraiment, disoient les douairières en ricanant derrière leurs éventails, » ne faut-il » pas s'appitoyer sur la défaite d'une » femme sans principes, qui se rend » à la première poursuite? Certes si » l'on s'étoit adressé à nous, on au- » roit vu beau jeu. » Tu reconnois-là, mon ami, le langage ordinaire des femmes que nature a disgraciées.

Jamais, si vous croyez ces dames,
Leur vertu ne fit un faux pas,
Et de l'amour les vives flâmes
N'ont pu surprendre leurs appas.
A leur cœur, moins qu'à leur visage,
Attribuons ce beau succès;
On peut garder avec courage
Un fort qu'on n'attaque jamais.

Les jeunes, et sur-tout la sœur de M.me B****, qui sans doute, pour plaire à Charles, affiche le platonisme, me traitoient avec la plus grande rigueur, moins encore pour ma conduite avec M.me Denvermeu, que pour la facilité avec laquelle je me suis consolé de l'infidélité d'Adélaïde. « Se peut-il, disoit l'aimable » Sophie, qu'on oublie aussi vîte » celle qu'on a aimée ? Si l'ingrate a » trahi sa foi, la raison sans doute » effacera les traces de l'amour ; mais » le cœur est-il pardonnable de se » laisser captiver encore ? Plus le » coup qu'il a reçu est sensible et » douloureux, plus il lui paroîtra » dangereux de se livrer. Sa blessure » doit le rendre invulnérable. » — Invulnérable ! me suis-je écrié. Ah ! mesdames, quel arrêt ! Ce n'est pas ainsi que je raisonne, et n'en déplaise à votre sublime théorie, l'infidélité d'une femme ne doit pas priver les autres belles d'un hommage qui leur est dû. Un dépit amoureux n'est excusable que lorsqu'il est de peu de durée.

Je puis croire à l'indifférence
D'un cœur novice en l'art d'aimer;
Mais je ris de sa résistance,
S'il s'est déja laissé charmer.
Lorsque la plus vive tendresse
N'obtient que mépris en retour,
On cesse d'aimer sa maîtresse,
Mais on aime toujours l'amour.

Laissons-là tout ce papillotage, et venons à des objets plus intéressans.

Vous ne croyez pas aux miracles passés, mon cher Hyppolite, vous avez sans doute raison; mais vous dites qu'il ne s'en fait plus, c'est ce que vous persuaderez difficilement aux moins dévots des Normands. Ils vous diroient : En 1755, monsieur l'incrédule, le 5 novembre, le tonnerre tomba sur le magasin à poudre de Maronne au milieu de huit cents barils, en écrasa deux et rien ne prit feu. *N'est-ce pas un miracle?*

Allez à Fresnay-le-Bussard, près Falaise, vous y verrez un petit paysan nommé Fichet, qui est bien autrement fort que l'Hercule des Grecs, ou le S. Christophe des chrétiens. A deux ans il avoit acquis sa puberté et menaçoit la virginité des jeunes Falaisannes. A quatre ans il avoit 3 pieds et demi, et jetoit dans le ratelier des chevaux des bottes de 15 livres, en les lançant par-dessus sa tête. Si vous doutez, consultez les archives de l'Académie, et vous verrez qu'il y fut présenté le 19 mars 1736. *N'est-ce point là un miracle ?*

Allez chez M. Vimond, médecin à Sap, il vous dira qu'en 1778 le chat d'un de ses voisins couva trois œufs de canne, et qu'on trouva dans chaque œuf un petit monstre, moitié chat, moitié canard. Il vous en montrera un conservé dans l'esprit-de-vin, et vous y verrez 4 pattes, un museau de chat, des aîles, et du poil au lieu de plumes. *N'est-ce pas là un miracle?* Il est vrai qu'il n'est point semblable aux prodiges des saints qui tendoient à prouver l'existence de la divinité; celui-ci qu'auroit adopté Spinosa, fournit plutôt un argument contre l'immatérialité de l'ame.

N'êtes-vous point encore persuadé? eh bien, rendez-vous à Dorival, près Rouen, demandez au docteur *Marteau* de vous faire connoître la veuve *Anne Harley*; depuis vingt-six ans elle n'a mangé ni pain, ni viande, ni fruits, enfin aucune nourriture solide. Que direz-vous d'une pareille sobriété? sur-tout si c'est le regret d'avoir perdu son mari qui lui a enlevé l'appétit. Vous direz *c'est un miracle*.

Enfin continuez votre route jusqu'à Pont-Audemer, vous y apprendrez qu'une jeune blanchisseuse avaloit, par distraction, des épingles qui

qui bientôt alloient se ranger comme sur une pelote,

. . . . Dans ces globes d'émail,
Tenus à l'estomac par des clous de corail.

Le 14 février 1755, on fut obligé de lui ouvrir les seins pour en tirer quatre épingles. Elle guérit facilement; ce qui engagea la femme d'un savetier de Lisieux à en faire autant. Cette femme se nommoit *Housset*; elle se mit au même régime; mais par une bizarrerie de la nature, elle accoucha d'une grosse épingle par le bas-ventre, sous les yeux du docteur *Lange*, médecin de cette ville [1]. Oh! pour le coup le miracle est *piquant*.

Je tiens ces observations du naturaliste T... Il recueille avec soin tout

1 Ces faits et les suivans ont presque tous été rapportés par Sigaud-de-Lafond dans son Dictionnaire des Merveilles de la Nature.

ce que sa province peut offrir de curieux ou d'intéressant pour les arts et pour les sciences. Il seroit bien à desirer qu'il existât, dans chaque généralité du royaume, un seul homme aussi zélé; on auroit bientôt une histoire exacte des produits naturels de la France, une lythologie, un cadastre complet. Il y a telle province de l'Inde dont nous connoissons parfaitement les végétaux, les minéraux, les mœurs, les usages, et nous ignorons encore toutes les ressources de notre pays. Il faut qu'un Anglais [1], par le simple amour de l'agriculture, vienne parcourir nos provinces, lever des cartes du sol et du climat, pour nous apprendre la nature ou l'analogie des différentes terres, et la manière d'en

---

1 *Arthur Young*, qui dans le même temps aisoit son voyage de France.

varier les produits. Une pareille leçon est déshonorante !

T... me disoit hier qu'il craignoit beaucoup de voir la Normandie bouleversée par quelque révolution souterraine. Je le plaisantai sur cette idée ; mais il me répondit qu'il parloit sérieusement. On a découvert, dit-il, depuis peu des mines de charbon de terre et des amas considérables de pyrites martiales[1] qui, par leur décomposition, peuvent former des bouches volcaniques. Il ne faut pour cela qu'une source d'eau. Déja au mois de juin 1685, le feu prit spontanément dans plusieurs villages autour d'Evreux. Il fut produit par

---

1 La *pyrite martiale* est une combinaison naturelle du fer et du soufre ; elle attire l'eau à une certaine température, et lorsqu'elle s'unit à ce liquide, elle s'échauffe souvent au point de s'enflammer. (Voyez Lemery.)

des feux souterrains qui sortoient de la terre et s'attachoient aux corps combustibles qu'ils rencontroient. C'est sans doute à la même cause qu'il faut attribuer trois incendies qui, dans l'espace de quatre ans, consumèrent en partie le village de Boncourt, sans qu'on pût connoître la cause de ce malheur. J'espère que ces pressentimens funestes ne se réaliseront pas, et que la Normandie conservera la fertilité de la Limagne, sans éprouver les malheurs de l'antique Auvergne.

J'ai vu dans le cabinet de cet intéressant observateur, des dessins très-bien faits représentant les météores lumineux qui ont paru en Normandie dans ce siècle.

En 1700, le 7 janvier, une heure avant le lever de l'aurore, parut à la Hogue un tourbillon de feu si éclatant, qu'il effaçoit la clarté de la lune. Ce feu avoit la forme d'un grand arbre, et couroit de l'ouest-nord-ouest à l'est-sud-est. Le jour étoit levé depuis une heure quand il tomba, et ce fut avec un si grand bruit, que les villages d'Audeville et de Saint-Germain-les-Vaux en tremblèrent.

En 1764, un phénomène assez semblable fut observé au Havre par M. Dicquemarre, et en 1725 par M. Bocambrey : mais le plus curieux de ces météores est celui du 17 juillet 1771. A dix heures et demie, le temps étant parfaitement serein, on vit paroître tout-à-coup dans le nord-ouest un feu semblable à une grosse étoile tombante qui, augmentant à mesure qu'il approchoit, parut bientôt sous la forme d'un globe. Ce globe ayant traversé une partie de l'horizon avec une extrême rapidité, parut entouré de flammes ardentes, et bientôt après éclata en répandant un grand nombre de fragmens étincelans, pareils aux brillans d'une bombe d'artifice. Ces brillans étoient si éblouissans, que ceux qui les fixèrent en furent quelques minutes aveuglés [1].

T... ne se borne pas aux observations d'histoire naturelle ; il a réuni dans sa bibliothèque tous les ouvrages qui peuvent éclairer sur les monumens de la Neustrie. J'y ai trouvé deux éditions *des Antiquités de Taillepied, lecteur en théologie ;* l'une de 1587, et l'autre de 1610. Ce livre fut si généralement estimé dès qu'il parut, que l'on a dit : « Il n'est pas de Normand qui, après l'avoir lu, ne voulût être de Pon-

1 Ce phénomène a été vu la même nuit à Paris par M. Leroy, de l'Académie des Sciences.

toise[1], et il n'est pas un lecteur de Pontoise qui ne voulût être Normand. On avoit alors la mode des complimens hyperboliques; mais il est difficile, je pense, d'en faire un plus outré, plus ridicule, que ce sonnet gravé au bas du portrait de Taillepied.

«A toi, mon Taillepied, ce pied nombreux je taille;
»Ce pied nombreux de vers où les pieds de Thétis
»N'ont aucun parangon, non tant pour mes outis
»Que pour ton docte pied qui sur ce pied s'entaille.
»S'il advient que mon pied hors son ornière saille,
»Ton pied aux cieux taillé rend mes pieds garantis
»De ce hurt applané par ces filets subtis
»Qui te tirent nos pieds, comme l'ambre la paille.
»C'est ore à ton pied droit que la docte raison
»Fera marcher les pieds de l'humaine maison:
»Mais d'épouser tes pieds il n'est de conséquence;
»Car le pied pégaside heureusement ailé,
»Va guindant sur les cieux, ton pied aux cieux moulé
»Laissant nos pieds humains danser l'humaine danse.

1610.

---

1 Patrie de l'Auteur.

Il étoit temps que Molière vînt déclarer la guerre à ce mauvais goût. Je ne connois d'aussi burlesquement emphatique que le *Labyrinthus poeticus* de Bluteau, et le fameux sonnet sur la victoire de Marsaille (B).

Adieu, grave Hyppolite, je ne vous demande point de réponse; je ne serois plus ici quand elle y parviendroit. Croyez que je pense à vous tous les jours où je puis être sérieux, comme je suis joyeux tous les jours où je vous vois.

LETTRE

LETTRE III.

Rouen, le 23 septembre 1788.

CHARLES A HYPPOLITE D. L. P.

On vient de me remettre ta seconde lettre, mon cher Hyppolite. Quelle érudition ! On croiroit que tu as passé toute ta jeunesse à méditer les pieuses inepties de nos pères ; mais tu les présentes avec tant de graces et de gaieté, qu'on ne peut t'en vouloir de ton scepticisme. Si jamais tu publiois tes doutes, tu souleverois tous les dévots, qui demanderoient au moins pour toi les honneurs de l'autodafé ; heureusement les enfans de Rabelais, contens de connoître la vérité, ne sont point ambitieux, et dédaignent la gloire de l'apostolat chez les *Bulgares* et les *Welches* Français.

La première nouvelle qu'on nous apprit en arrivant à Rouen, fut la ruine du malheureux étymologiste qui nous avoit si bien instruits à notre premier passage. Sans aucune connoissance des chances du commerce, il avoit fait une fausse spéculation, s'étoit lié avec des marchands de mauvaise foi, n'avoit pris contre eux aucune précaution, et se trouvoit entièrement dépouillé. Nous le plaignîmes, quoique son insouciance fût la principale cause de son malheur; mais nous promîmes, Robert et moi, de profiter de la leçon.

Agir est un point nécessaire;
Bien parler rarement suffit:
Beaucoup de gens font de l'esprit,
Qui n'ont jamais l'esprit de faire.

Nous fûmes visiter ce pauvre diable, qui, malgré son chagrin, voulut bien encore nous donner sur son pays des renseignemens fort curieux.

Les Normands, peu crédules maintenant et très-rusés, étoient, il y à cent ans et plus, le peuple le plus superstitieux de l'Europe. Il est vrai qu'à cette époque la dévotion étoit une manie. Dans ce temps, le duc d'Albe faisoit dire des messes pour retrouver sa maîtresse qui s'étoit enfui; et sa bru, pour guérir son fils attaqué d'une fluxion de poitrine, lui faisoit pieusement prendre des reliques en lavemens, et des saints en pilules [1]. Dans ce temps on croyoit aux Cyclopes, et l'on citoit le 33.e sermon de saint Augustin, pour prouver qu'en Ethiopie, on voyoit des hommes et des femmes sans têtes [2]. Il n'est donc pas

(1) Voyez pièces intéressantes et peu connues de Laplace, t. 1, pag. 190.

(2) Questions encyclopédiques de Voltaire

étonnant que les Normands fassent encore tous les ans la procession de la *Gargouille*, en mémoire de la victoire de saint Romain, évêque de Rouen.

Ils disent que sous Dagobert un énorme dragon ravageoit la Normandie, dévoroit hommes et animaux, qu'on essaya vainement de le vaincre : le monstre paroissoit invulnérable. Saint Romain se dévouant pour sa patrie, demanda l'honneur de combattre le serpent, et ne voulut être accompagné que par un criminel condamné à mort. (On ne sait trop pourquoi Romain prit cet acolyte, puisqu'il étoit sûr de faire un miracle.) Le saint évêque part en habits pontificaux, aborde le dragon, lui passe son étole sur le cou en manière de bride et l'amène ainsi vaincu sur la place publique de Rouen, où le monstre se laissa tranquillement consumer dans un bûcher. En mémoire de ce grand événement, on porte encore tous les ans en triomphe l'image du dragon que le peuple appelle *Gargouille*, et le chapitre métropolitain a pour ce jour seulement le privilége d'accorder la grace d'un criminel. Dans une autre fête on porte aussi très-religieusement l'effigie d'un *hareng*; mais je n'ai pas encore découvert l'origine de cette cérémonie.

C'étoit à cette époque une croyance universelle, que la religion sanctifioit tout, et par religion l'on entendoit tout ce qui émanoit de l'église et de ses ministres; aussi pour rassurer la conscience timorée des prostituées, l'évêque de Rouen avoit-il établi une taxe religieuse sur les filles publiques, et la quittance de cette taxe valoit pour elles absolution et liberté de commerce.

Rien de plus bizarre, de plus original que les saintes momeries qui étoient à la mode en Normandie dans le 15 et le 16.e siècles : je vais t'en donner un échantillon.

Le jour de Noël on faisoit la procession dite *des ânes*. Les chanoines y paroissoient habillés en prophètes. On y voyoit Isaïe, Zacharie, Jérémie, Jean-Baptiste, Elisabeth, Balaam avec son âne, Nabuchodonosor, les Machabées, *Virgile* et la Sibylle de Cumes.

On mettoit sans doute Virgile au nombre des prophètes, parce que, disent certains théologiens, il prédit dans une de ses églogues la naissance de Jésus-Christ.

Le jour des Innocens, autre comédie, c'étoit des enfans qui officioient, et le plus jeune en habits pontificaux disoit la messe.

Le jour des Rois, des chanoines

magnifiquement vêtus en mages ; l'un d'eux barbouillé de noir, pour représenter un nègre, venoit adorer un petit enfant tout nud, qu'un prêtre, déguisé en vierge, tenoit sur ses genoux.

A Evreux, le 1.er de mai, on célébroit une messe, dite des fous (D).

Enfin, le samedi-saint, ces mêmes chanoines coiffés de linge, et figurant les trois Maries au tombeau, pleuroient sur le sépulchre [1] ; mais tout cela n'approchoit pas de la fête de l'Assomption à Dieppe (E).

Ce jour on choisissoit plusieurs jeunes filles, la plus belle représentoit la Vierge, les autres, les filles de Sion. Un prêtre et onze laïcs costumés en apôtres, portoient la vierge couchée dans un lit environné du clergé, des minimes,

1 Ces pieuses parades furent abolies en 1579.

des capucins, et suivi des magistrats de la ville. Parmi eux étoient mêlés des hommes chargés de jeter aux spectateurs des poires molles qu'ils appeloient *Mitout.* Cette procession se rendoit à l'église, dans laquelle étoit élevé sur une tribune un théâtre représentant le ciel. Un vieillard vénérable avec une thiare sur la tête, étoit assis sur les nuages, entourés d'étoiles et surmontés d'un soleil d'or; c'étoit le Père éternel. Des marionnettes de grandeur naturelle figuroient les chérubins, parcouroient l'air, battoient les aîles, sonnoient de la trompette et faisoient jouer un carillon. Dès le commencement de la messe, deux anges descendoient, prenoient dans le chœur une effigie de la Vierge, et l'enlevoient dans le ciel où le Père éternel la couronnoit et lui donnoit sa bénédiction. Pendant toutes ces cérémonies dramatiques, un personnage nommé *Gringalet*, égayoit la fête en faisant des grimaces, des contorsions et des culbutes.

Dans la même église, le jour de la Pentecôte, on jetoit sur les spectateurs, du haut de la voûte, des morceaux d'étouppe enflammée, pour représenter les langues de feu qui descendirent sur les apôtres. Beaucoup de femmes, d'ailleurs très-dévotes, s'abstenoient de l'office ce jour-là pour ne pas brûler leurs bonnets.

Tu as souvent entendu parler, mon cher Hyppolite, de la société des *Coqueluchiers*, abolie et recréée sous le nom de *Cornards*. Cette plaisante confrérie qui, à l'exemple de *la Mère folle de Dijon* ou *du régiment de la calotte* (F), reproduisit parmi nous les anciennes Saturnales, subsista très-long-temps à Rouen.

En 1540, le cortége qui accompagnoit l'abbé des Cornards, fut composé de deux mille cinq cent personnes, richement vêtues et masquées pour figurer différens personnages allégoriques, tels que l'avarice, l'infidélité, le désespoir ; les acteurs jouoient publiquement l'église, la justice, la noblesse, le pape, le roi, l'empereur; récitoient des satyres et se moquoient de toutes les institutions. L'abbé crossé et mitré étoit traîné sur un char superbe, au milieu d'un grouppe de musiciens montés sur des chevaux; d'autres chars le suivoient, et le cortége s'avançoit jusqu'au pont de Robec, en distribuant aux dames des dragées et des couplets. Là, étoit dressé un théâtre où un orchestre nombreux attendoit l'abbé; on y jouoit encore des allégories satyriques, et la journée se terminoit par des festins, des danses et des illuminations. Notre siècle si guindé, si maniéré, auroit besoin d'une institution dans ce genre, pour ramener la franche gaîté. Disciple aimable du jovial et savant curé de Meudon [1], c'est toi que je charge d'en dresser les statuts.

Adieu, cher Hyppolite; si tu vois mon Eugénie, ne lui parle pas des *Cornards*, ce nom lui feroit peur.

---

1 Rabelais.

LETTRE IV.

Rouen, le 24 septembre 1788.

CHARLES A EUGÉNIE.

QUELLE charmante excursion nous venons de faire ! C'est hier sur-tout, mon Eugénie, c'est hier que je regrettois de ne point voyager avec toi. Madame B*** me dit la veille, Charles, il me paroît que nos cercles ne vous amusent pas infiniment. Les petites jalousies des femmes, les jolies noirceurs qu'elles se permettent, n'ont aucun agrément pour vous ; nous dînerons demain à la campagne. Vous ne connoissez point P***, c'est un endroit pittoresque fait pour vous plaire, et j'espère que nous trouverons en route de quoi exercer votre cœur sensible et votre plume descriptive. Je crus qu'il n'étoit question que de quelque site heureux ou de quelque monument. Je me trompois ; madame B*** me réservoit une véritable surprise.

A quelque distance de Rouen, nous nous arrêtons devant une petite maison fort simple, moitié bourgeoise, moitié rustique. Tenez, me dit madame B***, en me montrant une femme assise sur une petite terrasse qui bordoit le chemin, voici *la folle par amour*, la véritable *Nina* (G), dont le malheur vous a tant intéressé sur la scène.... Ce n'étoit point la riche amante de Germeuil, une rose sur le front, attendant son bien-aimé sous le berceau de lilas, et prêtant une oreille attentive à la musette du berger; c'étoit la bonne, la malheureuse Justine en simple bavolet, tenant dans ses mains un tricot depuis long-temps commencé, le quittant souvent pour regarder sur la route. Ses joues pâles étoient sillonnées par les larmes, et son cœur poussoit de fréquens soupirs. C'est d'elle que Georges Buchanam [1] auroit eu raison de dire :

Des feux brûlent mon cœur, des pleurs baignent mes yeux,
Depuis qu'amour m'a fait rendre les armes ;
Hélas ! mes feux ne sèchent point mes larmes,
Mes pleurs n'éteignent point mes feux.

Elle alloit se marier, me dit madame B***, lorsque son amant fut contraint à s'absenter pour aller chercher des papiers nécessaires [2] ; il partit et devoit revenir au bout de quinze jours. Deja Justine avoit reçu la lettre qui lui annonçoit son retour. Impatiente, elle va quelques

---

1 Georges Buchanam, poëte latin du 16.e siècle, né en Écosse, précepteur de Jacques VI, fit quatre tragédies, un poème de la Sphère, des odes, des satyres et une histoire d'Écosse.

2 Voyez le Journal de Paris, 31 janvier 1779.

heures avant l'arrivée de la diligence l'attendre sur la route. La première, elle découvre le carosse de voiture; son cœur palpite, elle vole, elle cherche de ses yeux avides son bien-aimé. — Où est-il ? où est-il ? ..... Messieurs, ne seroit-il pas parmi vous ? Un homme d'un certain âge, et qui avoit une tristesse profonde peinte sur le visage, sort du carosse. — Mademoiselle, je puis vous satisfaire.... — Et il n'est point ici, monsieur.... Cependant il m'avoit assurée.... — Je suis son oncle, mademoiselle, et je viens tout exprès.... — Auroit-il changé, monsieur ? Ses parens ne voudroient-ils plus...... Hélas ! je ne le vois pas, je ne le vois pas... Un soupir vous échappe... Monsieur, faut-il que je renonce.... — Mademoiselle, mademoiselle, armez-vous de courage. Non, mon neveu ne s'est pas rendu coupable envers vous.... Une maladie, mademoiselle.... — Une maladie ? Ah ! je cours, je vole près de lui, je le servirai, je..... — Ces marques de bonté, mademoiselle.... sont inutiles. (A ces mots, le vieillard verse un torrent de larmes.) Est-ce que vous ne m'entendez pas, mademoiselle ? — O mon dieu ! seroit-il vrai ?.. Achevez, achevez, monsieur..... que Justine connoisse tout son malheur. (Elle apprend qu'une mort subite lui a enlevé son amant la veille de son départ, et qu'il n'a eu que le temps de charger son oncle de ses derniers adieux pour elle.) Il n'est plus ! il n'est plus, répète l'infortunée, et dès ce moment, son esprit s'égare ; tous ses sens sont livrés à un désordre que nul remède ne peut guérir. Elle fait chaque jour deux lieues à pied, jusqu'à l'endroit où elle espéroit revoir son amant.

Elle

Elle a plus de cinquante ans; mais la nature semble avoir arrêté le temps pour son cœur. Elle aime comme elle aimoit lorsqu'elle perdit la raison. Quand on la voit, on oublie son âge pour ne penser qu'à ses peines. Ingénieux Marsollier, ton ouvrage fait couler de douces larmes, mais elles ne sont pas comparables à celles qu'on verse en voyant l'infortunée Justine.

Il étoit midi quand nous arrivâmes à P***; l'entrée de la maison, quoique nouvellement construite, ressemble à celle d'un château du temps d'Amadis ou de Roland; c'est un pont-levis de structure gothique, et deux tours dont les crénaux sont en partie démolis. Cette vue me fit illusion, et prenant un jardinier qui étoit sur le pont pour un page ou un écuyer qu'on envoyoit nous reconnoître, je lui adressai ce rondeau en vieux langage.

Sans plus tarder, docile ménestrel,
A ton seigneur annonce en son châtel,
Que dame illustre et d'antique lignage,
De lui céans vient recevoir hommage.
Adjoute encor que noble damoisel,
En son écu portant pal et lambel;
Que Troubadour joyeux et satyrel,
Offrent tançons en signe d'obliage,
Sans plus tarder.

Si discourtois agit en flamangel 1,
Qu'il soit appris que vaillant jouvencel,
Par deux beaux yeux mis en galant servage,
A nul félon n'accorde de fouage;
Mais en champ clos fait sonner un appel,
Sans plus tarder.

Ma fine, monsieur, me dit le jardinier, je ne vous entendons pas — Cela veut dire, mon ami, faites-nous le plaisir de nous ouvrir la porte et d'avertir que nous sommes arrivés. L'intérieur de la maison est élégant et d'un goût moderne. Madame B*** a réuni dans un joli boudoir, qu'elle appelle son

---

1 *Flamangel*, vieux mot qui exprime un roué qui méprise et trompe les femmes.

petit Panthéon, le portrait de toutes les personnes célèbres que Rouen a produites : les deux Corneille, Fontenelle, Jouvenet, Pierre Bardin [1], Samuel Bochart [2], madame

1 Pierre Bardin, membre de l'Académie française, se noya en 1637, en voulant sauver M. d'Humières, dont il avoit été gouverneur. Chapelain, dans une épitaphe faite par ordre de l'Académie, dit que *les vertus se noyèrent avec lui.*

2 Samuel Bochart, ministre protestant, apprit, avec une égale facilité, le latin, le grec, l'hébreu, le syriaque, le chaldéen, l'arabe, l'éthiopien, etc. Christine l'appela, en 1652, à sa cour. De retour à Caen, dont il étoit ministre, il mourut subitement en disputant contre le célèbre *Huet,* dans l'Académie de cette ville. Ses principaux ouvrages sont une *Géographie sacrée, un Traité des animaux, des minéraux et des plantes, dont parle la Bible;* une dissertation sur l'Énéïde, dans laquelle il soutient qu'*Enée* n'est jamais venu en Italie. Il est mort en 1667 à 68 ans.

Dubocage. Vous en avez oublié un, lui dis-je ? le poëte Saint-Amand. Il est moins connu par ses vers que par ses bons mots. Un jour se trouvant dans une compagnie où il se rencontra un homme qui avoit les cheveux noirs et la barbe blanche ; on demanda la raison de cette différence bizarre : *Apparemment*, dit Saint-Amand, *que monsieur a plus travaillé de la mâchoire que du cerveau*. En faveur de cette épigramme, me dit madame B***, je lui donnerai place dans le boudoir. J'allois en solliciter une encore pour le peintre des deux Siciles, pour notre estimable ami *Houel* [1]; mais on m'observa qu'on ne décernoit cette

---

1 Le C.en Houel s'occupe en ce moment d'une histoire intéressante sur les mœurs des Éléphans, et d'une théorie générale des Volcans.

apothéose qu'aux défunts, et je souhaite qu'il ne l'obtienne pas de longtemps.

Le jardin est dessiné à l'anglaise; on y jouit d'une vue délicieuse. Madame B*** me faisoit remarquer les agrémens de son élysée avec le charme que tu lui connois. — Le dimanche, me disoit-elle, j'aime à voir les jeunes gens folâtrer dans mes bosquets.

Tantôt sous un berceau, légèrement voltige
Ce liége élastique avec art emplumé,
Qu'un couple heureux, au plaisir animé,
Sur un double filet adroitement dirige.
Tantôt comme l'amour, un bandeau sur les yeux,
Une jeune beauté qu'on fuit et qu'on lutine,
Tend ses bras incertains, et cherche de son mieux
Un joueur qu'elle atteint et que son cœur devine.

Tu connois Ermenonville et Chantilly, et tu pourrois encore, mon Eugénie, trouver des beautés neuves à P***. Tu aimerois sur-tout les bords fleuris d'une petite rivière limpide qui va, vient, serpente, tombe en cascade et fait mille détours avant de quitter l'enceinte du jardin.

> Là, son onde plus pure
> Que celle dont le luxe embellit nos palais,
> Semble en quittant ces lieux, dans un tendre murmure
> Soupirer ses regrets.

Nous n'avions vu qu'une partie des promenades, lorsqu'on sonna le dîner. Ce soir, me dit madame B***, avant le coucher du soleil, nous monterons au kiosque, et je vous ferai connoître quelque chose d'intéressant. — On appela Robert plus d'un quart-d'heure; il étoit à la poursuite d'un papillon rare qui manquoit, disoit-il, à sa collection.

Après le dîner, je rappelai à madame B*** sa promesse, et nous nous rendîmes au kiosque. Elle y avoit fait dresser une lunette de mer, et me fit observer, sur une colline lointaine, un couvent assez semblable à l'hermitage du Calvaire. C'est, nous dit-elle, *le Prieuré des* *deux amans*. Je la priai de nous rappeler l'origine de ce Moustier célèbre. Je ferai mieux, répondit-elle, je vous en lirai l'histoire; et tirant un livre de sa poche, elle nous fit asseoir pour entendre à-peu-près ce qui suit.

Un vieux châtelain, nommé *Guillaume de Mallemain*, fier de ses richesses, plus fier encore de ses aïeux, vivoit dans son antique domaine avec sa fille, dont la beauté déja célèbre attiroit chez lui tous les chevaliers ou bannerets qui croyoient pouvoir aspirer à la main de cette opulente et noble héritière. Le châtelain, aussi capricieux que vain de ses titres, exigeoit tant de preuves de noblesse, de courage et d'habileté, que tous ceux qui prétendoient à son alliance, regardoient de pareilles conditions comme les prétextes d'un refus, et se retiroient sans insister.

Cependant, l'amour qui ne considère ni la naissance ni les trésors, avoit rendu Geneviève de Mallemain sensible aux vœux d'un jeune écuyer de son père. Baudouin, sans parens, sans fortune, n'ayant pour lui que son esprit, ses graces et sa franchise, avoit su plaire et méritoit d'être aimé. Déja, dans plus d'une rencontre, il avoit prouvé qu'il étoit habile et brave; déja l'orgueilleux châtelain, qui ne louoit jamais personne, parloit avec enthousiasme de son écuyer, lorsqu'il le surprit un jour aux pieds de sa fille. Furieux de ce qu'il appeloit un outrage, il veut l'immoler à sa vengeance; mais Geneviève embrasse les genoux de son père, couvre ses mains de larmes, menace de s'arracher la vie si l'on attente à celle de Baudouin. Les gardes accourus à ses cris, implorent la clémence de Guillaume.

Guillaume. Il modère un moment ses transports ; il concentre sa colère, et montrant du doigt une colline très-élevée, située près de son château: « Tu as été assez téméraire, dit-il » à Baudouin, pour oser lever les » yeux sur ma fille : eh bien ! sois » son époux, aux conditions que » demain dès l'aurore, armé de » toutes pièces, tu porteras Gene- » viève dans tes bras, et sans t'ar- » rêter, jusqu'au sommet de cette » colline : le moindre repos te fera » perdre ta conquête. » Geneviève frémit, et Baudouin reçoit cet arrêt avec transport. La nuit tarde à son impatience ; son cœur brûlant, agité, ne lui permet aucun repos, et sitôt que la lune éclaire les créneaux du château, mariant sa voix au son d'un théorbe, il vient chanter sous les fenêtres de Geneviève....

Ne doutes point de ma victoire:
Sur cette roche où va naître le jour,
J'obtiendrai des mains de la gloire
Le prix que m'a promis l'amour.

Oui ; bannis tes craintes mortelles,
Rien ne sauroit s'opposer à mes pas.
L'Amour me prêtera ses ailes;
J'aurai sa mère entre mes bras.

Si, trompant mon ardeur extrême,
Mon bras foiblit, mets ta main sur mon cœur;
Regarde-moi.... dis-moi, je t'aime,
Je renais et je suis vainqueur.

Cependant l'étoile du matin a dissipé les ténèbres. Une foule immense de vassaux se rend autour du château, pour assister au spectacle qui se prépare, spectacle tout-à-la fois intéressant et cruel. Le pont-levis se baisse : Geneviève, pâle et tremblante, paroît, conduite par son père. A peine Baudouin l'a-t-il apperçue, qu'il s'élance et l'emporte en criant : Je te posséderai ! je te posséderai ! L'amour et le courage brillent dans ses regards. Il monte, il gravit, on a peine à le suivre. L'œil fixe sur Geneviève, il s'anime, il s'embrâse; mais son amante craintive regarde le sommet et frémit de sa distance. J'y atteindrai, dit Baudouin, j'atteindrois au ciel ! Il a déja franchi les deux tiers de la hauteur : ses pas alors se ralentissent, ses muscles tendus se couvrent de sueur, il sent ses membres foiblir. Geneviève éplorée, adresse au ciel ses prières. Un cri d'effroi s'élève du sein des spectateurs, et ce cri rend à Baudouin toutes ses forces. Il se roidit.... fait un dernier effort.... arrive.... et tombe avec son précieux dépôt, sur la terre qu'il semble embrasser comme un monument de sa victoire. L'air retentit d'applaudissemens. Il triomphe ! il triomphe ! s'écrie-t-on de toutes parts. Geneviève couvre Baudouin des baisers de l'amour et des larmes de la joie.

Mon amant, mon époux, tout ce que j'aime est donc à moi, dit-elle... Il est vainqueur !... Non, il est mort.

Moins forte que l'amour, la nature a cédé. Baudouin succombe sous le poids des fatigues, du bonheur et de la gloire. Quel coup affreux pour Geneviève !

Pâle d'horreur et muette d'effroi, elle tombe sur le corps de son amant. On accourt, on veut la secourir... il n'est plus tems; le passage trop rapide de la joie au désespoir a brisé les ressorts de sa vie; son ame l'abandonne pour jamais; elle expire en embrassant Baudouin.

Cette nouvelle circule de bouche en bouche, et parvient au vieux châtelain. Tous ses vassaux l'accusent et murmurent. Il s'émeut et ne peut croire un tel malheur. On le conduit auprès de ses enfans; cette vue éveille ses remords; des larmes tardives tombent de ses yeux ; il ordonne que les deux amans soient déposés dans le même cercueil ; il se voue à un deuil éternel, et croit fléchir le ciel en fondant sur la colline un monastère. C'est là que les amans heureux vont en pélerinage jeter des fleurs sur la tombe des victimes infortunées de l'amour : c'est là qu'on a consacré la mémoire de leur mort, en offrant aux voyageurs cette inscription simple et touchante :

Passant, si de l'amour tu connois le tourment,
Avant que ta route s'achève,
Donne une larme à Geneviève ;
Donne une larme à son amant.

Le soir, en arrivant à Rouen, madame B*** trouva pour elle et pour nous une galante invitation à un souper nombreux ; elle ne s'y rendit pas, et nous chargea de faire ses excuses. Pendant les jeux qui précédèrent le repas, je me plaçai successivement auprès de toutes les femmes de la société. Ces dames, dont plusieurs

Avoient d'assez beaux yeux pour des yeux de province,

me connoissoient à peine, et par une fatalité singulière, chacune me prit pour confident des petites médisances qu'elle se permettoit contre les autres; je me croyois presque au bal de l'Opéra. Plus je paroissois incrédule, plus ces dames rembrunissoient leurs tableaux. Enfin, l'une d'elles, n'ayant plus de mal à me dire de ses rivales, m'apprit charitablement le mal que ses rivales avoient dit de moi; et en vérité, mon Eugénie, jamais je ne fus traité avec moins d'indulgence .... Je ne suis pas vindicatif, mais je n'ai pu résister au desir de leur prouver que je n'étois pas dupe des flatteries de société, et que je savois parfois m'égayer aux dépens des femmes caustiques et indiscrètes. Au moment de se séparer, Robert, qui fait toujours valoir ses amis, s'avisa de citer quelques vers de ma façon. —Des vers! monsieur fait des vers? C'est charmant . . . Pourquoi ne nous avoir pas dit cela plus tôt? — Je serai trop heureux, repris-je aussitôt, si ces dames me permettent de leur faire demain mes adieux dans cette langue qui paroît leur plaire. —Bravo! bravo! dirent-elles d'un commun accord; puis, chacune s'approchant de mon oreille : *N'oubliez pas ce que je vous ai dit...* —Je n'ai garde! Le lendemain, je leur fis remettre sous enveloppe les couplets suivans [1] :

---

1 Cette chanson va sur l'air : *Ainsi jadis un grand prophète*, ou *cet arbre apporté de Provence*.

En se quittant il est d'usage
De se faire un souhait flatteur;
Mesdames, moi, je crois plus sage
D'offrir un conseil de bon cœur :
Recevez le mien comme un gage
Du desir que j'ai d'obliger;
Si vous voulez qu'on vous ménage,
Sachez un peu vous ménager.

Argante dit qu'Alcimadure
N'est pas dévote au fond du cœur;
Qu'elle aime trop la créature
Pour bien aimer le Créateur. ...
Avec le tems, selon l'usage,
Coquette en sainte doit changer. ...
Mesdames, pour qu'on vous ménage,
Sachez au moins vous ménager.

Glycère voyant près d'*Argante*
L'abbé Poupin passer le jour,
Vient m'assurer qu'à la suivante
La nuit il fait leçon d'amour....
Pourquoi crier de ce partage ?
Est-ce vous qu'il fait enrager ?....
Mesdames, pour qu'on vous ménage,
Apprenez à vous ménager.

A Paris, nous vîmes *Glycère*
Chercher l'oubli d'un inconstant,
Et *Thysbé* conte avec mystère
Que Glycère y fit un enfant....
Eh ! quoi ! ne peut-on à son âge,

Sans cette raison, voyager ?
Oh ! belles, pour qu'on vous ménage ;
Sachez donc mieux vous ménager.

D'un mari volage et peu tendre,
Quand *Thysbé* se voit négligé,
Fanny voudroit me faire entendre
Qu'elle est femme à s'en bien venger ;
Que *Thysbé* lasse du veuvage
Par Jasmin le fait abréger....
Oh ! belles, pour qu'on vous ménage,
Sachez donc mieux vous ménager.

Au rôle intéressant d'amante,
Fanny contrainte à renoncer ;
Au triste emploi de complaisante,
Va, dites-vous, bientôt passer...
D'un bien dont on n'a plus l'usage,
Parler encor peut soulager.
Mesdames, pour qu'on vous ménage ;
Vraiment il faut vous ménager.

Vous m'avez accusé moi-même
De défauts trop longs à nommer ;
Vous avez répété que j'aime
L'intrigue et le droit de primer,
Qu'à mon ame fière et volage,
Le sentiment semble étranger...
Belles, pour que je vous ménage,
Il faut un peu me ménager.

Plus d'une parmi vous m'accuse
D'être, dans ces vers, indiscret ;

Plus d'une . . . et voilà mon excuse ;
M'a dit de les faire en secret.
Si la plus médisante enrage,
Elle peut s'en dédommager,
En disant, c'est moi qu'il ménage
Plus qu'il n'eût dû me ménager.

Ma bonne Eugénie trouvera peut-être la leçon un peu sévère : j'en appelle à sa justice ou à son indulgence.

LETTRE V.

Paris, ce 29 septembre 1788.

HYPPOLITE D. L. P. A CHARLES.

L'homme propose,
Dit le proverbe, et Dieu dispose ;
J'en suis persuadé comme tout bon chrétien ;
Et cela sans doute est cause
Qu'en ce monde tout va si bien.

—Ce début, mon ami, t'annonce quelque contrariété. En effet, j'en ai éprouvé une assez grande d'être obligé de différer de répondre à ton aimable lettre du 23. J'etois à la campagne, où mon cousin vient d'épouser la fille de madame de***, et ce n'a pas été une médiocre besogne que d'arranger tout avec cette vieille folle. Le fardeau retomboit sur moi, vu qu'elle m'accorde beaucoup de confiance depuis qu'elle m'a entendu citer l'écriture sainte. Nous pensions avoir tout fait et tout prévu, lorsque l'avant-veille de la signature, l'infernale dévote veut que son futur gendre se confesse au père Ange, et rapporte un billet de confession de la main du saint homme. Mon cousin s'impatiente, et veut tout envoyer promener. Ce mariage excellent pour les deux parties, alloit se rompre; je me suis heureusement rappelé, et j'ai pris la résolution subite de parodier l'expédient qu'en pareil cas trouva certain marquis.

Son frère, prêt à se marier, et ayant besoin d'un billet de confession, ne se soucioit pas trop de quitter sa campagne pour aller le chercher à Paris. « Qu'à cela ne tienne, » dit le marquis; entre amis il faut » s'aider. Je vais à Paris, et je te » rapporterai le billet. » — Il arrive, court aux Petits-Pères, accroche le premier moine qu'il trouve, et l'argent à la main demande un billet de confession. Le sort l'avoit adressé à un homme scrupuleux qui vouloit faire les choses en conscience. — Point de billet si on ne se confesse. —A la bonne heure, dit le marquis, remettant ses deux gros écus dans sa poche.

Les voilà au confessionnal; et le marquis pendant près d'une heure, défile au père le chapelet le plus étrange. Il n'y avoit pourtant qu'un seul péché, mais il étoit varié sous tant de formes, les unes si attrayantes, les autres si grotesques, et tout cela étoit conté avec tant de vérité, de graces et d'esprit, que le moine, malgré sa sainteté,

« Ardoit tout vif dans son sacré fauteuil. »

Vingt fois il voulut imposer silence à son pénitent; mais le nouveau converti, qui n'avoit pas moins de sang froid que de mémoire, épuisa jusqu'à la dernière son magasin d'histoires gaillardes. Le pape Adrien VI (*de conq. q. 4.*) et le théologien *Navarre*[1] (*in mann. C. 7. n°. 4.*) soutiennent que si « la » déclaration de quelque péché doit » scandaliser le confesseur, de manière que cela puisse le faire tomber en faute, il faut omettre » ce péché. » Le marquis ne connoissoit sûrement pas cette maxime, car il en dit tant au moine, que vingt-quatre heures après, celui-ci, je crois, eut à peine recouvré le calme de ses sens.

---

1 *Martin Azpilquet*, dit *Navarre*, chanoine régulier de Roncevaux, et grand pénitencier à Rome. Il devoit se connoître en confessions scandaleuses, d'après les fonctions attachées à sa place.

Enfin le marquis achève son *confiteor*. Le père lui prescrit une pénitence, et lui enjoint de revenir dans huit jours chercher l'absolution. —L'absolution ! ce n'est pas là du tout ce que je vous demande : c'est un billet de confession. Le moine veut refuser ; l'autre prend un ton ferme ; il avoit le droit de son côté : il fallut céder. Le marquis dicte dans le billet les noms de son frère au lieu des siens, et retourne à la campagne, reportant en triomphe la dépouille du vaincu.

Décidé à en faire autant, je pars de chez la dévote, emmenant avec moi son gendre futur. Je dépose mon compagnon chez Julie, que tu connoissois autrefois, avant qu'un attachement profond t'eût rendu sage. Tu vois que, fidèle aux principes tant vantés des anciens, je ne néglige pas l'éducation des jeunes gens qui doivent entrer en ménage [1]. Plût à Dieu qu'on m'eût aussi chargé de celle de la future !

Je vais au couvent du bienheureux père Ange, espérant qu'il ne connoît pas celui que je dois représenter. Il étoit malade. Je lui décoche un petit mot d'honnêteté au nom de la dévote, et de regrets au mien, c'est-à-dire, au nom du futur. Il répond et s'excuse en deux lignes de ce qu'il ne peut voir personne, ni par conséquent me confesser. Il m'indique pour le remplacer, le père Mirocle ; ce nom me réjouit assez. Je cours trouver celui qui le porte. Ne sachant pas que là, comme chez les Petits-Pères, l'argent sup-

1 Voyez dans Martial l'épigramme 79 du livre IX que terminent ces vers :

Ergo suburranæ tironem trade magistræ
Illa virum faciet; non bene virgo docet.

pléoit

pléoit au sacrement, je demande à être entendu au tribunal de pénitence. Nouvel incident. Le père Mirocle me prend pour un mauvais plaisant (quelle méprise !) et pas pour un diable il ne veut m'entendre. Je me fâche. —Vous me confesserez. —Je ne vous confesserai pas. —Oh ! parbleu, nous verrons.—La dispute s'échauffoit. Je veux, lui criai-je, absolution et billet de confession. —Partageons le différend par la moitié, me dit-il, en riant. Je compris à demi mot : je payai sur-le-champ, et j'eus le billet tel que je le desirois.

Au retour, le petit mot du père Ange, le billet de confession et les réponses effrontées du jeune homme à qui j'avois fait sa leçon, opérèrent des merveilles. La vieille, si elle l'eût osé, auroit différé la noce jnsqu'au rétablissement de son cher directeur ; ce n'étoit pas notre compte ; et nous l'avons emporté.

Tu vois, mon cher Charles, que je n'ai pas manqué d'occupations. Ta lettre est venue au milieu de tout cela. J'ai différé d'y répondre jusqu'à ce que je pusse le faire à mon aise. Elle est terriblement savante ta lettre. Je suis perdu, je le vois bien, si je ne soutiens un assaut d'érudition ; heureusement c'est mon fort que l'érudition théologique.

Tu sembles surpris de voir la sibylle portée en triomphe avec les prophètes; mais on l'a très-long-temps regardée comme inspirée par le même esprit. Le début du *dies irae* accolle son témoignage à celui de David, touchant la fin du monde.

> « *Dies iræ, dies illa*
> » *Solvet sæclum in favillâ,*
> » *Teste David cum Sibyllâ.* »

On a réformé ce verset, mais c'est

bien récemment. La sibylle de Cumes passa long-temps pour avoir prédit l'avènement de J. C., et Constantin soutint publiquement que Virgile, dans la quatrième églogue où est invoqué le témoignage de cette sibylle, avoit prophétisé, sans le savoir, la naissance du Rédempteur. Aux anciens vers sibyllins, perdus ou cachés dans les temples, les chrétiens en substituèrent où ils interpolèrent sans doute quelques fragmens des anciens. On accuse saint Justin d'avoir donné le premier exemple de la supercherie ; ce fait, s'il est vrai, diminue beaucoup de l'estime que je lui témoignois dans ma dernière lettre. Ces vers parvenus jusqu'à nous, et reconnus généralement pour apocryphes, obtenoient jadis une entière croyance. Saint Clément d'Alexandrie (Stromat. 6.) cite un passage de saint Paul, lequel à la vérité ne se trouve plus dans les écrits de l'apôtre, pour recommander la lecture des sibylles.

Douze sibylles différentes sont censées avoir eu part à ces oracles merveilleux. Une d'elles se vante d'avoir eu mille amans effectifs, et pas un mari. (*Mille mihi lecti, connubia nulla fuerunt*. Lib. 7. vers 152.) Cette vierge sainte eût pu disputer aux Arabes l'honneur d'écrire l'histoire des mille et une nuits.

Après avoir parlé de la vierge aux mille amans, c'est le cas de te féliciter sur la manière dont tu as développé à Eugénie l'origine du nom du Prieuré des deux amans; mais on lui donne deux autres origines. Mes garans sont le P. *Dumolinet*, chanoine régulier de la Congrégation de France, et son livre intitulé: *Figures des différens habits des chanoines réguliers. Paris*, 1666.

Dans ce livre (soit dit en parenthèse) il dénombre en France 101 abbayes, prieurés, maisons, etc. possédées par sa congrégation (pages 32 et 33.) A l'article du Prieuré des amans (pages 71 et 72.) il rapporte d'abord la tradition que tu as adoptée, puis il ajoute : « D'autres
» ont cru que le nom des deux
» amans avoit été donné à ce mo-
» nastère, en considération d'un
» mari et d'une femme d'Auvergne
» dont parle *Grégoire de Tours*,
» au livre 32 *de gloriâ confessorum*,
» lesquels ayant gardé toute leur vie
» leur virginité dans le mariage, et
» ayant été enterrés après leur mort,
» l'un auprès de l'autre, dans deux
» sépulcres de pierre différens, on
» trouva le lendemain qu'ils s'étoient
» *joints ensemble d'une telle ma-*
» *nière qu'il n'en paroissoit qu'un*;
» c'est pourquoi ils furent honorés

» dans tout le pays sous le nom des
» deux amans [1].

» Enfin quelques-uns ont estimé
» qu'il ne falloit point rechercher
» d'autre origine de ce nom, que
» l'amour sainte et réciproque de
» Notre-Seigneur envers la Made-
» leine qui est la patrone de cette
» église. »

En vérité, si ce livre n'étoit imprimé avec l'approbation du révérendissime père général de la Con-

---

1 *Idcircò*, ajoute cet auteur, *incolae duos amantes vocitant, et summo venerantur honore.* Le P. Dumolinet n'auroit pas dû omettre ce que Grégoire ajoute, *cap.* 32, que le mari en enterrant sa femme, remercia Dieu à haute voix de ce qu'elle avoit gardé son vœu de virginité, et que la morte lui répondit en souriant : « Paix ! paix ! homme
» de Dieu, il n'est pas nécessaire de révéler
» notre secret quand personne ne vous le
» demande. »

grégation, je croirois le dernier passage fait exprès pour appuyer une tradition très-ancienne, très-répandue et très-scandaleuse. Dieu me préserve de l'admettre! Suivant cette tradition, Madeleine qui aimoit l'homme, et qui s'y connoissoit, voulant aussi aimer Dieu et le connoître, avoit aimé, dit-on, et *connu* l'homme-Dieu. Sais-tu, Charles, que les anciennes hymnes de cette sainte accréditeroient bien cette idée, si l'on ne savoit prendre les choses du bon côté? J'ai sous les yeux une *prose* qu'on lui adresse dans le diocèse de Sens, le 22 juin. (*Missale Senonense, 1715, pag. 152.*) Le cantique des cantiques n'est pas plus voluptueux. La sainte est appelée par-tout l'épouse du Christ (*sponsa*). Elle *se liquéfie* d'amour (*amore liquefactam.*) Jésus-Christ est son amant (*in amantis indecori deficit supplicio.*)

Pendant que je tiens ce missel, feuilletons-le ensemble, veux-tu? Les laïcs ont tort de ne pas compulser ces monumens de la superstition, dont je les crois bien loin de connoître toute l'étendue.

Pag. lxxxiij — xcj. Les bonnes choses sont bonnes pour tout. Voilà des messes pour obtenir la pluie, la paix, la cessation d'une peste, d'un schisme, d'une famine; et ce moyen, comme on sait, produit toujours son effet.

Voici comment débute la messe pour demander de la pluie. (*Page lxxxvij.*)

« Demandez au Seigneur de la » pluie dans le temps, et le Seigneur » enverra de la neige. » (*Petite à domino pluviam in tempore, et Dominus faciet nives.*)

C'est un secret très-commode pour boire frais dans la canicule; mais

cette

cette neige, au lieu de pluie, ne pouvoit-elle pas nuire aux biens de la terre? Je soumets cette question et ma croyance à la sainte église chrétienne.

Pag. cxlvj — cxlvij. Voici qui est moins plaisant : c'est une prose en l'honneur de Thomas de Cantorbéry [1]. Ce prêtre superbe et séditieux y est peint comme un juste. Je ne conseillerois pas à l'archevêque de Sens de traduire cette prose au

---

1 Son nom de famille étoit *Becquet*. Il fut très-débauché dans sa jeunesse et prit le masque de l'hypocrisie, quand l'ambition l'éleva au siége de Cantorbéry. Il protégea ouvertement un prêtre qui avoit commis un assassinat. Jaloux du pouvoir de Henri II, il souleva contre lui une partie de ses sujets, l'excommunia, le menaça de *le changer en bête comme Nabuchodonosor*. Après avoir troublé l'état pendant plus de six ans, il fut tué au pied des autels, le 29 décembre 1170, en la cinquante-troisième année de son âge.

roi de France, ni à un ministre d'y choisir le texte d'un sermon qu'il prêcheroit devant le roi d'Angleterre ou devant le congrès Américain.

Page cxlviij. En revanche, je recommande aux amateurs la prose de saint Vincent. Cet honnête homme est rôti et apprêté avec un grain de sel, (*Conditur sale victima usta prunis ardentibus.*) mis ensuite sur un bon lit de plume, (*in molli locant culcitrâ;*) après quoi son cadavre surnage sur l'eau. Voilà ce qui s'appelle faire paroli au gril de saint Laurent.

Page cliij. Item, la prose de sainte Colombe, liée pour être violée par un jeune homme, mais défendue par une ourse (une femelle s'il vous plaît : il faut de la décence en tout. Avis aux dames.) mise sur un bûcher que la pluie éteint; enfin décapitée, les faiseurs de miracle n'ayant encore rien inventé qui puisse parer à ce genre de supplice.

Page clvj. N'oublions pas le bon saint Loup, dans le calice duquel une pierre précieuse tomba du ciel pendant la messe. On nous assure qu'il but joyeusement, avec délices, et en faisant l'éloge de son vin. (*Quo bibit gaudio, quibus deliciis...... quantis praeconiis hunc laudat laticem.*) Il ne faut pas de miracle pour cela.

Eh bien, Charles, voilà pourtant ce que les dix-neuf-vingtièmes de nos concitoyens respectent, craignent, adorent! Toutes ces belles choses, je les trouve dans un missel imprimé en 1715; juge de ce que l'on rencontreroit dans des livres plus anciens. Si tu avois employé une tournure exacte, en disant que les Normands *étoient autrefois superstitieux*, ce qui supposeroit qu'ils sont corrigés aujourd'hui, ils seroient bien distingués par-là du reste de l'Europe, mais il n'en est rien.

Je vais te citer un fait que tu aurois sûrement consigné dans tes lettres, s'il étoit venu à ta connoissance, et qui te prouvera que tout l'esprit des Normands ne les corrige point de leurs pratiques superstitieuses ; c'est la manière dont on célèbre aux Andelys la fête de sainte Clotilde. J'en vais transcrire la description, insérée dans le journal de Normandie, n°. 48, (samedi 14 juin 1788) par un homme qui unit l'esprit et l'instruction à la véracité la plus exacte [1].

---

1 Cette lettre est du C.en Noel, rédacteur du journal de Rouen, aujourd'hui membre du jury national d'éducation de la Seine inférieure, associé et correspondant de plusieurs sociétés savantes ; auteur d'un essai très-estimé sur le département de la Seine inférieure, où nous avons puisé des notes

« Une tradition populaire attribue
» l'origine de cette fête à un miracle
» opéré par *sainte Clotilde*, épouse
» du roi *Clovis I*, et voici comme
» on raconte le fait. Cette reine étoit
» occupée à faire bâtir au *grand*
» *Andely*, une église pour des moi-
» nes ou des religieuses, quand les
» ouvriers venant à manquer de
» vin, se mirent à murmurer, et
» voulurent abandonner les travaux;
» mais Clotilde, pleine de confiance
» dans le secours du ciel, leur or-
» donna d'aller avec leurs cruches

---

historiques intéressantes, et d'une Histoire naturelle de l'*Eperlan*. Il a publié plusieurs Mémoires, aussi savans que bien écrits, sur *les Tourbes de Jumièges*; sur *l'ancienneté de l'art de saler le hareng*, et sur *l'émigration prétendue de ce poisson*; sur *les anciennes mines de fer de la Normandie*; sur *la pêche de la Baleine*; sur *le commerce d'Harfleur dans le moyen âge*.

» puiser de l'eau à la fontaine voisi-
» ne : ils y coururent, et furent bien
» étonnés de voir qu'elle étoit chan-
» gée en vin. La nouvelle de ce mi-
» racle s'étant bientôt répandue,
» tous les ivrognes du canton s'y
» rendirent en foule ; mais la sainte
» leur joua un bon tour, car, par
» un second miracle, l'eau conti-
» nuant d'être toujours du vin pour
» les ouvriers, ne fut que de l'eau
» claire pour eux.

» C'est ainsi que le peuple raconte
» l'origine de la fête qu'on célèbre
» tous les ans le 2 de juin....... La
» cérémonie est toujours remise au
» dimanche le plus prochain de la
» fête de sainte Clotilde. Après l'of-
» fice des vêpres, le chapitre, com-
» posé du doyen, des chanoines, etc.
» etc. et précédé d'un fifre, de deux
» tambours et de deux violons, sort
» en chantant de l'église collégiale

» d'*Andely ;* il marche en ordre
» processionnel avec le clergé de la
» Madeleine, celui de saint Sauveur
» du petit Andely, celui de quelques
» paroisses voisines, et avec les RR.
» PP. capucins et les pénitens. Il est
» accompagné du corps de ville, des
» officiers de la haute justice, et des
» quatre confrairies *de la Croix,*
» *de la Trinité, de la Charité, et*
» *de Notre-Dame des Anges,* dont
» chaque membre tient une torche
» à la main. Le doyen porte une
» petite statue de vermeil, haute
» d'environ quinze pouces, repré-
» sentant *sainte Clotilde,* qui tient
» dans ses mains une petite chapelle
» de même métal, où est renfermé
» un morceau de son crâne, dont
» l'abbaye de sainte Geneviève de
» Paris a fait présent au chapitre.
» Son piédestal est un reliquaire de
» neuf à dix pouces de longueur sur

» cinq de hauteur, qui renferme
» une côte de sainte Clotilde. Dans
» cet ordre ils parviennent à une
» petite place qui domine l'endroit
» d'où jaillit la fontaine, et le doyen
» perçant à peine, avec son cortège,
» la foule immense d'hommes et de
» femmes qui se pressent les uns les
» autres, dépose le reliquaire qui
» sert de piédestal à la statue, sur
» une table de pierre soutenue par
» quatre colonnes d'un ordre simple,
» et qui est couverte d'une riche
» moisson de fleurs. Aussitôt que
» le reliquaire est posé, le doyen
» s'avance précipitamment vers la
» fontaine, tenant seulement la sta-
» tue de sainte Clotilde, et quand
» il est parvenu au bord du bassin
» de pierre qu'on y a pratiqué, il
» la plonge trois fois dans l'eau : au
» même instant deux hommes y ver-
» sent des brocs de vin, sans doute

» pour servir de symbole au miracle
» de sainte Clotilde, et soudain les
» boiteux, les paralytiques, les
» goutteux, etc. qui sont rangés
» autour de la fontaine, s'y préci-
» pitent tous ensemble; car il est de
» croyance que celui qui a le bon-
» heur de s'y baigner le premier,
» est immanquablement guéri.... Le
» doyen reprend le reliquaire, et le
» clergé s'en retourne dans le même
» ordre qu'il est venu.

» Aussitôt que le reliquaire est
» enlevé, le peuple s'empare des
» fleurs qui couvrent la table de
» pierre; on se les dispute, on se
» les arrache, on se bat pour les
» obtenir. Les coups de poings et
» les gourmades voltigent sur les
» joues des fidèles, et quand il ne
» s'offre plus de matière à cet objet
» de leur dévotion, hommes et fem-
» mes frottent sur la pierre des cha-

» peaux, des mouchoirs, des bas,
» des *culottes* auxquelles on attri-
» bue des vertus toutes particulières.
» La même dévotion se manifeste
» auprès du bassin. On a pratiqué
» dans le mur qui l'avoisine, une
» petite niche où est une figure en
» bois, de sainte Clotilde, assez ri-
» chement vêtue; elle est entourée
» de plusieurs douzaines de béquilles
» qui attestent ses miracles passés;
» mais comme le peuple ne sauroit
» y atteindre, on se sert de longues
» perches, au bout desquelles on
» suspend des colliers, des jarre-
» tières, des chapelets que l'on fait
» toucher à la figure, et ce travail
» occupe huit à dix bras pendant
» nombre de jours. Tout ceci n'est
» encore rien en comparaison de ce
» qui se passe autour du bassin. La
» cuve de pierre qui le forme, peut
» avoir neuf pieds de longueur,

» quatre de largeur et trois de pro-
» fondeur. Il y a une grille de fer
» qui la sépare en deux parties. Au-
» trefois les hommes étoient d'un
» côté et les femmes de l'autre ; mais
» aujourd'hui on n'y regarde pas de
» si près. Figurez-vous trente à qua-
» rante hommes et femmes en che-
» mises, qui se pressent, se pous-
» sent, tombent les uns sur les au-
» tres dans le bassin, qui sortent
» ensuite de l'eau, courent de là
» vers la table de pierre, en font
» trois fois le tour, passent trois
» fois dessous, puis traversant une
» populace nombreuse, se rendent
» dans un large fossé qui règne le
» le long du *grand Andely*, où dé-
» passant sa chemise mouillée devant
» les assistans, chacun se rhabille
» à l'aide de ses parens ou de ses
» amis ; vous aurez une idée fidèle
» de cette pieuse saturnale.

» J'ai vu pendant une heure à-
» peu-près que j'eus la fermeté de
» contempler ce spectacle, plus de
» deux cents enfans, depuis l'âge de
» neuf à dix mois jusqu'à celui de
» trois ans, plongés dans les eaux
» glacées de la fontaine, tordre leurs
» petits membres, et pousser des cris
» perçans qui devroient faire saigner
» tous les cœurs sensibles.

» Tirons le rideau sur cette scène
» cruelle, et reposons-nous sur un
» tableau moins attristant pour l'hu-
» manité. Le soir amène une autre
» cérémonie. Vis-à-vis de l'église,
» on allume un feu au bruit des
» tambours, et ceux des pélerins
» qui ont le plus de foi, en prennent
» quelques charbons qui les préser-
» vent, disent-ils, du tonnerre, des
» incendies, etc. Quand la nuit est
» venue, on dresse des tables sous
» des tentes, on mange, on boit,

» on crie; les uns se promènent, les
» autres dansent ou se couchent
» pêle-mêle, hommes, femmes et
» enfans.

» Parmi les miracles attribués à
» l'eau salutaire de cette fontaine,
» on en cite un arrivé il y a quelques
» années, dont toute la ville a été
» témoin. Une jeune paysanne, âgée
» de dix-huit ans, qu'on croyoit
» attaquée d'hydropisie, que son
» père fit baigner dans la fontaine,
» devint mère, deux heures après,
» d'un gros garçon. Ce n'est pas en
» cela que gît le miracle, mais en
» ce qu'elle ne mourut pas des suites
» de l'immersion, et qu'elle et son
» fruit n'aient point été les victimes
» de l'ignorance des chirurgiens et
» d'une piété inconsidérée. »

Je suis allé moi-même aux Andelys, chez un ancien ami de ma famille, homme qui par ses mœurs simples, sa franchise, sa loyauté, sa respectable bonhomie, son penchant pour le beau sexe, que l'âge n'a pu éteindre, ressembleroit parfaitement à quelqu'un des anciens patriarches', si le ciel lui eût accordé autant d'enfans que de moyens d'en avoir. —Je puis te dire ce que l'historien n'a osé imprimer.

En face de la fontaine est une maison où se nichent les spectateurs toujours nombreux. Les places à la fenêtre se paient vingt-quatre sols, celles à la lucarne du grenier, douze sols. Fais-toi une idée du spectacle que l'on a pour son argent. Le sang Normand est beau, et si toutes les baigneuses n'ont pas de jolis traits, si leurs visages et leurs cols sont hâlés par le soleil, il en est, et c'est le plus grand nombre, qui peuvent dédommager les yeux par d'autres trésors. Observe la posture qu'il faut prendre pour passer et repasser entre les colonnes très-rapprochées qui soutiennent la petite table de pierre, observe que la plupart des dévotes, pour ne pas mouiller leur linge, louent une grosse chemise pour se jetter dans la fontaine. La chemise flotte tant qu'elle est sèche ; mais bientôt imbibée, elle se colle sur tous les membres, et révèle des formes capables de donner des éblouissemens à plus d'un observateur. D'ailleurs, comme de la fenêtre, on plonge très-bien sur le fossé qui sert de *vestiaire* général, on est plus d'une fois à même d'apprécier jusqu'à quel point la draperie des anciens sculpteurs (le linge mouillé) conserve fidèlement les formes de la nature [1].

---

1 Cette farce religieusement obscène, s'est encore répétée l'an 5 et l'an 6 de la république.

Il seroit difficile de détruire cet usage ; la persuasion et l'autorité échoueroient également. Je conseillerois de cantonner dans le voisinage quelques escadrons de dragons ou de hussards. Plusieurs d'entr'eux ne manqueroient pas de venir prendre part à la dévotion générale, et particulièrement de servir de valets-de-chambre aux plus jolies baigneuses. Je doute fort que l'année suivante les pères et les maris consentissent à laisser leurs filles et leurs femmes partager le zèle de ces dévots de nouvelle fabrique.

Adieu, Charles. Je te souhaite la bénédiction de sainte Clotilde et la possession de la plus jolie relique qu'ait jamais consacré sa fontaine.

LETTRE VI et dernière.

Pontoise, le 26 septembre 1788.

CHARLES A EUGÉNIE.

Demain, mon aimable Eugénie, les deux voyageurs se délasseront de leurs fatigues, en courant avec toi dans les bosquets de S***, en y cherchant une fleur pour te l'offrir, sans espoir d'en trouver de plus fraîche que toi.

L'impatience de te voir nous a fait partir hier de très-bonne heure. Il n'étoit pas encore grand jour quand nous arrivâmes à Ecouis. Nous avons visité la collégiale qui renferme un monument intéressant (H). C'est encore un tombeau, ma chère, et le tombeau de deux amans infortunés. Leur épitaphe n'est pas très-intelligible, c'est ce qui la rend curieuse. La voici :

Ci-gît l'enfant, ci-gît le père,
Ci-gît la sœur, ci-gît le frère,
Ci-gît la femme et le mari,
Et ne sont que deux corps ici.

1512.

Cela ressemble beaucoup à l'énigme du sphynx, et lorsqu'on ignore l'histoire du sire d'Ecouis, on devine difficilement ce que signifie ce quatrain.

Tu n'es pas heureusement comme Ninon de l'Enclos, qui ne savoit gré aux écrivains que de ce qu'ils imaginoient, et ne pouvoit souffrir aucune citation. Si tu lui ressemblois, mes lettres seroient dépourvues de tout agrément ; mais je te crois du goût pour les anecdotes, et tu pourras éprouver quelqu'intérêt quand tu sauras celle-ci.

La fille d'un comte de Châtillon, célèbre dans l'histoire de la chevalerie, Berthe (c'est ainsi qu'elle s'appeloit) sortoit à peine de l'enfance, lorsqu'elle unit son sort au châtelain d'Ecouis. Elle étoit belle et douée par la nature d'un tempérament précoce. Un an après son mariage elle eut un fils. Le père voulant qu'il fût de bonne heure instruit dans le métier des armes, et craignant que la connoissance de son rang ne nuisît aux progrès de son éducation, le confia à un de ses amis retiré dans un vieux château de l'Artois. Là, ce jeune homme reçut les meilleures leçons, et en profita si bien, qu'à quinze ans il s'étoit déjà signalé dans les tournois. Il avoit suivi Charles VIII en Italie, et avoit sauvé la vie à ce prince dans la bataille de Fornoue. A la fin de cette campagne, il résolut de parcourir le royaume, cherchant des aventures sous le nom d'Adolphe. Il vint à Bourges, où étoit Anne de Bretagne et sa cour; il s'y distingua dans les fêtes en gardant l'incognito. C'est là qu'il vit sa mère sans la connoître et sans en être reconnu. La beauté de Berthe étoit dans tout son éclat. Son mari, craignant le ressentiment du roi, contre qui il avoit combattu dans le parti du duc d'Orléans [1], s'étoit engagé dans une expédition d'outre-mer, et avoit laissé Berthe à la cour où les seigneurs les plus brillans lui avoient offert vainement leur hommage; mais elle ne put résister aux charmes du jeune inconnu. Adolphe fut si assidu près d'elle, y développa tant de qualités et d'esprit, fit si bien parler l'amour, que Berthe se méprenant sur le sen-

---

1 Depuis Louis XII, roi de France.

timent que lui faisoit éprouver Adolphe, oublia son devoir, et reçut son fils dans ses bras, quand l'hymen l'unissoit encore à son père.

Des symptômes certains alloient bientôt révéler cette faute, et Berthe s'apperçut qu'elle alloit devenir mère pour la seconde fois. Elle se réfugia chez une amie fidèle, la duchesse de Bar, pour y cacher sa honte, et mit secrètement au monde une fille qu'elle appela Cécile. Mais la crainte d'être trahie, le remords de sa foiblesse, la nouvelle qu'elle reçut en même temps de la mort tragique de son mari, altérèrent tellement sa santé, qu'elle ne put lui survivre long-temps.

Après plusieurs années de service militaire, Adolphe sans parens, et parvenu par son propre mérite, sentit qu'il avoit assez fait pour la gloire, et forma le dessein de se marier.

Le hasard le conduisit en Lorraine ; à la cour du duc de Bar. Il y vit Cécile, et soit sympathie, soit que la nature se plaise à se tromper elle-même, il ne put s'empêcher de l'aimer. La duchesse étoit absente et seule dépositaire du secret de la naissance de cette jeune personne ; elle ne pouvoit en instruire Adolphe, qu'elle-même n'eût pas reconnu sans doute. Cécile passoit pour une orpheline sans fortune, adoptée par la duchesse qui n'avoit point d'enfans ; mais l'éducation soignée qu'elle en avoit reçue, et les égards qu'avoient pour elle sa mère adoptive, ne laissoient pas douter qu'elle ne fût d'une bonne famille. Adolphe demanda sa main et n'eut pas de peine à l'obtenir. Doublement incestueux sans crime, puisqu'il ignoroit le sang auquel il s'allioit, Adolphe eût vécu dans le repos et le bonheur, si un ami perfide, confident de la duchesse de Bar, ne l'eût instruit de son sort. Cette lumière empoisonna ses jours et ceux de son épouse. Ils s'adoroient et ils se condamnèrent à un divorce éternel, sans cesser de vivre l'un près de l'autre, pour ne point donner de publicité à la honte de leurs familles. Leur malheur, présent à leurs yeux à chaque instant, abrégea leur existence. Morts à-peu-près en même temps, ils furent enterrés dans le même tombeau.

Maintenant, mon Eugénie, l'épitaphe n'est plus une énigme : Adolphe étoit père, frère et mari de Cécile; Cécile, femme, sœur et fille d'Adolphe.

D'Ecouis, nous fûmes coucher à Pontoise. Il y a sur cette ville une anecdote que je regarde comme très-apocryphe. On prétend qu'une armée Anglaise s'en empara l'hiver pendant qu'il neigeoit, que les soldats se couvrirent la tête de draps blancs, et parvinrent ainsi la nuit jusqu'au haut des remparts sans être apperçus ni entendus des sentinelles. On pourroit demander en quel temps les armées Anglaises campèrent sur la neige, et à quelle époque on donnoit aux soldats des draps blancs.... mais il vaut mieux reléguer cette histoire dans les archives de saint Romain, vainqueur de la *Gargouille*.

L'hôte qui nous reçut à Pontoise est un des hommes les meilleurs, les plus heureux que je connoisse. Il se nomme *Christophe Larchevêque*. Il étoit autrefois vigneron, et quoiqu'il eût beaucoup de peine à gagner sa vie, il exerçoit encore l'hospitalité.

« Messieurs, nous disoit-il hier » en soupant, je me suis toujours » bien trouvé de rendre service à » mes semblables. Tenez, il faut » que

» que je vous compte l'histoire de
» ma petite fortune. Imaginez-vous
» que je demeurois il y a cinq ans
» au hameau de l'hermitage, dépen-
» dant de la paroisse Saint-Maclou
» de Pontoise. J'y fis connoissance
» d'un pauvre marchand de peaux
» de lapins, nommé Antoine,
» natif de Mura. Il rôdoit dans les
» environs de cette ville depuis qua-
» rante ans. Jamais je ne lui ai vu
» sur le corps que de méchans
» hâillons, et je l'entendois toujours
» crier misère. Au retour de ses
» courses je le recevois par charité;
» mon écurie étoit sa demeure, et
» un morceau de pain mendié étoit
» sa nourriture. Il tomba malade
» chez moi. Je le tirai de l'écurie
» dès que je vis qu'il ne pouvoit
» plus travailler; je le mis dans
» notre chambre, j'en pris soin, et
» je lui donnai tous les secours né-

» cessaires. Antoine voyant sa fin
» approcher me fit appeler. —Chris-
» tophe, qu'il me dit, tu as été cha-
» ritable envers moi, le ciel t'en
» récompensera..... Je vais mourir,
» mon ami, et je te laisse tout ce
» que je possède. —Je ne ferai pas
» là, dis-je en moi-même, une riche
» succession; mais Antoine conti-
» nuant: —Tu trouveras dans mes
» habits, 600 livres en argent, et
» 3,000 liv. en billets. Ce n'est pas
» tout, mon ami; creuse dans l'é-
» curie ....sous l'auge, dans l'angle
» à droite, à un demi-pied du mur,
» tu découvriras un vieux... vieux
» pot de grès; il y a dedans 25,000l.
» je te les donne, Christophe. Le
» pauvre cher homme! il fit la
» même déclaration à son confesseur
» et à deux témoins. Il mourut et je
» reconnus qu'il ne m'avoit pas
» trompé. Eh bien, messieurs! vous

» le voyez, un bienfait n'est jamais » perdu. »

Ne crois-tu pas comme moi, chère Eugénie, que si Antoine eût guéri de sa maladie, il n'eût point été reconnoissant ? Les avares ne sont généreux qu'en perdant la vie.

Robert, toujours avide des phénomènes de la nature, ne voulut point partir de Pontoise sans voir le fameux mûrier dans lequel l'épicier qui en est propriétaire, a construit une salle de verdure à deux étages, où douze convives peuvent dîner à l'aise.

Nous n'avions pour aujourd'hui que sept lieues à faire, et notre route, dans la belle et riche vallée de Montmorency, fut une véritable promenade. Nous étions tentés de nous détourner pour aller visiter l'hermitage de Jean-Jacques et les allées silencieuses où il médita l'Émile ; mais nous étions attendus chez le dernier des rois d'Yvetot.

Le comte d'Albon préféra avec raison le séjour de Franconville à son Louvre Cauchois ; il y a joui de la société charmante de M. de Tressan [1], dont la muse octogénaire, semblable à celle d'Anacréon, cache sous des roses les rides de la vieillesse.

Il n'est pas un endroit de la maison ou des jardins de M. d'Albon, qui ne soit consacré au souvenir d'un grand homme, aux arts, ou à un sentiment pur du cœur.

La statue de l'Amour est placée dans un bosquet qui porte le nom de *Clarens*. Sur un piédestal on lit :

« N'abuse pas, Amour, de ta puissance,
» Et ne fais naître ici que de sages desirs ;

---

1 Traducteur de l'Arioste.

» C'est le séjour de l'innocence.
» Le remords ne doit point y suivre les plaisirs. »

Là, sous un portique, sont les bustes de Montaigne et de Jean-Jacques. Plus loin, dans un temple ruiné, sont ceux d'Homère, d'Apollon, de Pindare et d'Orphée.

Auprès d'une cascade, Phèdre, Ésope et la Fontaine sont réunis. A leurs pieds, et contre la source est cette inscription :

« Toujours vive et pure,
» Un doux penchant règle son cours :
» Heureux l'ami de la nature
» Qui passe ainsi ses jours.

En voyant autant de monumens que de personnages illustres, on est tenté de croire que le propriétaire a voulu élever un panthéon aux hommes célèbres. Sénèque, Caton, Pétrarque, Guillaume Tell, Young,

Franklin, Haller [1], Boerrhaave [2] y ont chacun le leur ; mais on remarque sur-tout le tombeau de *Court de Gebelin*, auteur du Monde primitif, apôtre et victime du magnétisme animal. M. d'Albon fut son ami, fit son éloge historique et recueillit sa cendre.

---

1 *Albert Haller*, membre du conseil de Berne, et médecin célèbre, a donné plusieurs ouvrages savans sur la physiologie et l'irritabilité des nerfs. Il vit sa fin approcher avec la fermeté du vrai sage. Il dit en se tâtant le pouls, au médecin qui étoit présent : *Mon ami, l'artère ne bat plus..... Adieu.*

2 *Boerrhaave*, savant médecin et chimiste de Leyde. Cette ville lui a élevé un monument avec cette inscription : *Salutifero Boerrhaavi genio sacrum.* Sa réputation étoit si étendue, qu'un Mandarin de la Chine lui écrivit, avec cette seule adresse : *A l'illustre Boerrhaave, médecin en Europe*; et la lettre lui fut rendue.

Après avoir parcouru les Châlets, nous montâmes sur la côte de Cormeilles, où nous rencontrâmes *Anette et Lubin* qui alloient à Sanois ; ils étoient accompagnés de leur dernier fils qui a six doigts à chaque pied. Un de ses frères qui servoit dans les colonies, étoit également sexdigitaire aux quatre membres. Robert ne voulut croire à ce phénomène qu'en le voyant, et nous fîmes déchausser l'enfant.

Si j'en avois cru le bon Lubin, nous aurions été coucher dans sa chaumière ; il vouloit rebrousser chemin pour me recevoir ; il me pressoit les mains, il m'offroit tout ce qu'il possédoit, il ne savoit que faire pour me témoigner sa joie et sa reconnoissance. J'avois beau lui dire que je revenois de Normandie, il étoit si troublé qu'il me demandoit sans cesse des nouvelles de *Favart*, de madame *de Lowendal*, de M. *de Vilette*, de tous ses bienfaiteurs de Paris.

Je pourrois, ma chère Eugénie, terminer ici mes descriptions, si, pour ne rien omettre, nous n'avions fait une dernière station à S. Denis.

Je ne te ferai pas une longue dissertation comme celle de l'abbé Hilduin [1], pour te prouver que le fameux saint décollé sur la butte de Montmartre, a pu faire deux lieues en portant sa tête. Je ne suis pas difficile en miracle, et comme a dit une femme d'esprit, *voyager sans tête n'est pas surprenant, il n'y a que le premier pas qui coûte.* Mais

---

1 *Hilduin*, abbé de saint Denis, dans le neuvième siècle, est le premier qui ait avancé que ce saint avoit porté sa tête, et qu'il étoit le même que Denis l'Aréopagite, évêque d'Athènes.

je te ferai part de quelques réflexions sur la bizarrerie des origines.

Qu'un gouvernement riche et puissant veuille fonder un grand établissement de commerce ou d'agriculture, il dépense des sommes énormes, il met à contribution les lumières et l'industrie des savans, des artistes, des administrateurs, et souvent après un siècle, il ne peut réussir ; mais qu'un prince inepte et féroce comme *Dagobert*, mutile son précepteur *Sadrégesille*, qui l'avoit justement réprimandé ; que pour fuir la colère de son père, il se réfugie dans une petite chapelle, dont, par un prétendu miracle, on ne peut l'arracher, cette chapelle devient bientôt la plus riche abbaye de France, et sert de sépulture aux rois.

Nous visitâmes les mausolées, moins pour la mémoire des princes, dont je suis loin d'être idolâtre, que pour celle des grands hommes que je révère. En voyant le magnifique tombeau de François I, j'oubliai le monarque pour ne penser qu'au mérite du sculpteur ; mais je fus saisi d'un respect religieux à la vue des tombes de *Duguesclin*, de *Louis XII* et de *Turenne*. C'est en parcourant cette foule de monumens qu'on apprend à connoître la véritable gloire.

Nous fûmes indignés en remarquant la basse flatterie des moines pour le fondateur de leur couvent. Ce cruel et stupide monarque, qui commit plusieurs assassinats, qui eut jusqu'à trois femmes à la fois sans compter les concubines, est appelé par eux *le saint roi*. Les bas-reliefs de son tombeau représentent son ascension céleste ; on y voit d'un côté Dagobert justement tourmenté par les diables ; et de l'autre, ce même Dagobert arraché de leurs mains par les moines et les anges qui le portent en triomphe dans le paradis.

Nous fûmes encore plus indignés en voyant sur les vîtres, Louis IX se faisant fouetter par les bénédictins. Henri IV aussi reçut, il est vrai, le fouet pour faire pénitence de son hérésie, mais ce fut, dit Voltaire, par procuration, sur les fesses des cardinaux *Duperron et d'Ossat*, qui se tinrent très-honorés de cette pieuse mission.

Nous étions tentés de sortir de l'abbaye, lorsqu'on nous ouvrit le fameux trésor. Ah! mon amie, quel mélange bizarre de choses saintes et profanes! C'est un vrai *pasticcio*, moitié payen, moitié chrétien. Ce qu'on y montre comme le plus remarquable, c'est un clou rouillé de la croix de J. C., c'est le glaive de la Pucelle d'Orléans, le chignon de la Vierge et le toupet de sainte Marguerite, le buste de Cléopâtre et le gril de saint Laurent; le portrait de Domitien qui persécutoit les chrétiens, et la tête de saint Denis qui fut persécuté; le bâton d'un consul romain, et le bras de saint Eustache, César-Auguste et les os du prophète Isaïe; les douze Empereurs et les langes de l'enfant Jésus, une corne de licorne[1] et l'omoplate de Jean-Baptiste; le tesson d'une cruche des noces de Cana et une dent de saint Pancrace; un œil de saint Léger et la chaise percée de Dagobert[2].

---

1 Cette corne est celle d'un poisson nommé *narval*. Le magasin encyclopédique de cette année, en annonçant un nouveau voyage dans l'intérieur de l'Afrique, dit qu'on a trouvé le quadrupède appelé licorne et qu'on croyoit fabuleux.

2 C'est un grand fauteuil de bronze autrefois doré. Ce fauteuil est sans fond. On le voit maintenant à la Bibliothèque nationale.

Cet assemblage singulier me rappeloit l'Arioste et Milton, dont l'imagination vagabonde met en action les fées avec les saints.

Si jamais je fais une description du temple de l'Amour, je veux qu'il y ait aussi un trésor, mais je le meublerai bien différemment.

Dans un réduit voisin du sanctuaire,
De Cupidon seroit le reliquaire;
Pour éclairer ce trésor précieux,
La lampe de Psyché, le fanal de Léandre,
Par un jour doux, égal et tendre,
Y guideront les pas sans offenser les yeux.
Amour! je veux que tout rappelle
En ce séjour, tes faveurs, ton tourment.
En y venant je veux que toute belle
Soupire et pense à son amant.
Là, Virgile et Tibulle,
Horace, Ovide, et Properce et Catulle
Serviront de cortége au buste d'Adonis.
De la tendre Sapho j'y suspendrai la lyre;
Dans un coffre brillant et parfumé de myrrhe,
Les amans trouveront la pomme de Pâris,
La plume de Pétrarque et le fuseau d'Omphale,
La baguette d'Armide et le bois d'Actéon,
Le fil qui de Minos débrouilla le dédale,
Les roses qui paroient le front d'Anacréon.

Enfin, pour richesse dernière,
J'y placerois, mais à l'écart,
Ce que perdit le savant Abeilard
Pour avoir trop instruit son illustre écolière.

Ne trouves tu pas, mon Eugénie, qu'il y auroit plus d'harmonie dans cette collection?

Ici, ma tendre amie, finit mon agréable tâche; je crois m'être conformé à tes instructions. Si, cependant, j'avois fait une ou deux omissions, ne t'en étonnes pas; cela m'arrive toutes les fois que je pense moins aux ordres qu'on me donne, qu'à la personne de qui je les reçois. Maintenant permets que je sollicite le prix de ma soumission.

A mon départ, doux baiser fut le gage
Du souvenir que me gardoit ton cœur;
Mais celui que j'attends à la fin du voyage,
Promet encor plus de douceur.
Regret amer trop souvent empoisonne
Baisers d'adieux accordés par l'Amour;
Regret s'enfuit, plaisir seul assaisonne
Le baiser du retour.

FIN.

NOTES.

(A) Page 8. (*Enfans de Clovis.*)

Plusieurs auteurs, et Taillepied est de ce nombre, prétendent que les enfans de Clovis II ayant désobéi à leur père, ce prince les fit massacrer, et fit mettre leurs cadavres mutilés dans un bateau qu'on abandonna au cours de la Seine. Le fleuve les porta jusqu'à Jumièges où le bateau s'arrêta, et où les moines donnèrent la sépulture aux restes de ces princes. Ils donnent pour preuve cette épitaphe :

Hic in honore Dei, requiescit stirps Clodovei.
Patris bellica gens, bella salutis agens
Ad votum matris Bathildis, penituère
Pro proprio scelere proque labore patris.

DCXLVI.

Malgré l'uniformité de ces historiens qui, sans doute, se sont copiés les uns les autres, malgré l'épitaphe qu'ils citent, il est impossible d'ajouter foi à un pareil fait. Clovis II est dépeint par tous les historiens français comme un prince doux et généreux. Ses trois enfans, Thiery, Chilpéric II et Clotaire III ont régné après lui : leur sépulture est à saint Denis. Si l'on peut trouver dans l'histoire de cette famille quelque chose de relatif au massacre rapporté, c'est dans celui de Gontaire et Théodebalde, assassinés par leurs oncles Childebert et Clotaire ; mais il faudroit pour cela remonter à Clotaire I.er ; alors ni la date ni le nom de Bathilde ne peuvent rester dans l'épitaphe.

Laissons ce doute à éclaircir à la sagacité des Archæologues.

(B) Page 9. (*Roi d'Yvetot.*)

En 539, disent plusieurs auteurs, Clotaire tua de sa main Gauthier, sire d'Yvetot, dans l'église de Soissons, et pour réparer cette action violente, érigea la terre de ce seigneur en royaume. D'autres prétendent que cette histoire est apocryphe, et qu'elle fut inventée en 1490 par *Robert Gaguin*, général des Mathurins. Ce qu'il y a de certain, c'est qu'on trouve un arrêt de l'Echiquier de Normandie, rendu en 1392, qui donne le titre de Roi au seigneur d'Yvetot ; que plusieurs Rois

Rois de France donnèrent des lettres pour maintenir les seigneurs de ce lieu dans leurs droits *royaux*, et les dispensèrent de foi et hommage. François I.er a donné le titre de Reine à une dame d'Yvetot ; et Henri IV, dans la cérémonie du couronnement de Marie de Médicis, son épouse, à saint Denis, dit, en voyant Martin du Bellay, seigneur d'Yvetot : *Je veux que l'on donne une place honorable à mon petit roi d'Yvetot, selon sa qualité et le rang qu'il doit avoir.*

Taillepied dit que ce fut en 533 que Clotaire tua Gauthier dans l'église de saint Gervais de Soissons, pendant l'office du vendredi saint, et qu'il fut admonesté par le pape *Agapitus*.

(C) Page 24. (*Bluteau et Marsaille.*)

SONNET DE MARSAILLE.

En 1693, le maréchal de Catinat remporta une victoire éclatante à Marsaille. Selon l'usage des cours, on en rapporta tout l'honneur à Louis XIV, et les poëtes le célébrèrent comme s'il eût été vainqueur. Parmi toutes les flagorneries qu'on débita à ce sujet, on a remarqué le sonnet suivant, qui a le double mérite de présenter un acrostiche et un écho ; il ne lui manque que du sens et du style pour en faire un chef-d'œuvre.

Le bruit de ta grandeur, dont n'approche personne,
sonne.
On sait le triste état où sont les ennemis,
mis.
Voudroient-ils s'élever, bien qu'ils soient terrassés
assez ?
Ils connoîtront toujours la victoire immortelle,
telle ;
Superbes alliés, vous suivrez les exemples
amples
D'Alger et des Génois implorant d'un pardon
don.
Envain toute l'Europe oppose ses efforts
forts.
Bataillons sont forcés et villes entreprises,
prises.
O ! que par tant d'exploits vous serez embellis,
lys !
Votre gloire en tout lieu du combat de Marsaille,
aille !
Rendant la ligue après mille combats
bas,
Belge ! tu marches pareil à la Savoie,
voie.
On te voit tout tremblant sous un tel souverain,
Rhin.
Nous te verrons aussi sous un roi si célèbre,
Ebre.

Le *Labyrinthus poeticus* que nous avons cité est encore plus ridicule. Cette pièce renferme trente-huit acrostiches du même nom dans neuf vers.

Le père *Bluteau*, pour qui elle fut faite, étoit un grammairien célèbre qui fit plusieurs dictionnaires. C'est à la tête du troisième tome de ses ouvrages lexiques, qu'on trouve ce prétendu chef-d'œuvre. Si l'on part de la lettre B, qui est au centre, en remontant ou en descendant, ou en allant horizontalement par la droite ou par la gauche, on rencontre toujours *Bluteau* écrit en majuscules.

Vidisti	Autores lat	E quos fam	A, volat	U
Altitonans qu	E canens que	Tubi, super	Extulit astr	A.
Ecce	Tibi, cunctos	Vincit qui	Tullius or	E.
Titan	Vivus adest qui	Lumina phœbi	Vinci	T.
Ubertim	Laudes tribuat	Bona	Lysia plaus	U
Tergeminas;	Vivant	Laudes, semperque	Virescan	T.
Ergo	Titus noster	Volitando	Triumphet in orb	E;
Assidu	E recinat	Tali modulamin	E mus	A.
Vivas ut	Auctor ovans	Etiam per sæcul	A cant	U.

Comme beaucoup de personnes ne pourroient sentir tout le ridicule de ce morceau, qui donne à un pédant de collège, des éloges dont rougiroit un Alexandre, nous allons tâcher de traduire ses expressions emphatiques.

«Vous avez vu des auteurs que la renommée d'un vol éclatant et rapide, a élevés au-dessus des astres, et dont la trompette bruyante a fait retentir au loin les noms glorieux; voyez Bluteau, ce Cicéron dont la mâle éloquence a terrassé tous ses rivaux. C'est Titan ! c'est le vainqueur d'Apollon ! que Lisbonne applaudisse et chante avec transport ses triples louanges, ces louanges qui doivent vivre et renaître sans cesse ! Que notre Titus parcoure donc l'univers dans sa course triomphale, au milieu du chœur des Muses qui chanteront autour de lui sans cesse. Qu'il vive cet auteur couronné ! qu'il vive dans nos chants immortels ce vainqueur des siècles ! »

(D) Page 31. (*Fêtes des Fous.*)

L'histoire des Saturnales religieuses est une chose si curieuse, qu'on nous pardonnera d'insérer ici l'extrait un peu long d'un ouvrage assez rare, intitulé : *Mémoires pour servir à l'Histoire de la Fête des Foux, qui se faisoit autrefois dans plusieurs églises ; par M. Dutillot, à Lausanne, 1741.*

Il paroît qu'autrefois dans presque toutes les églises cathédrales ou collégiales de France, on consacroit tous les ans deux ou trois jours à parodier le culte et à faire des folies dignes des anciennes fêtes de Saturne, dont elles tiroient leur origine.

On élisoit, dit l'historien, dans les églises cathédrales, un évêque ou archevêque des fous. On voyoit les prêtres faire, en cette fête, un mélange affreux de folies et d'impiétés pendant l'office divin, où ils n'assistoient ce jour-là qu'en habits de mascarade et de comédie. Les uns étoient masqués ou avec des visages barbouillés, qui faisoient peur ou qui faisoient rire ; les autres en habits de femmes ou de pantomimes, tels que sont les ministres de théâtre. Ils dansoient dans le chœur en entrant et chantoient des chansons obscènes. Les diacres et les sous-diacres, mangoient du boudin et des saucisses sur l'autel au nez du prêtre célébrant ; ils jouoient à ses yeux aux cartes et aux dez ; ils mettoient dans l'encensoir quelques morceaux de vieilles savates pour lui faire respirer une mauvaise odeur. Après la messe, chacun couroit, sautoit et dansoit par l'église avec tant d'impudence, que quelques-uns n'avoient pas honte de se porter à toutes sortes d'indécences et de se déshabiller entièrement. Ensuite ils se faisoient traîner par les rues dans des tombereaux pleins d'ordures, et prenoient plaisir d'en jeter à la populace qui s'assembloit autour d'eux.

A Sens, toute la messe se chantoit *faux* et en latin burlesque. On répétoit souvent ces deux vers qui psalmodiés en *canon*, formoient la cacophonie la plus plaisante.

Hæc est clara dies, clararum clara dierum;
Hæc est festa dies, festarum festa dierum.

Au milieu de la messe, on introduisoit dans l'église un âne revêtu d'une belle chappe, et l'on entonnoit la prose de l'âne, dont voici quelques versets :

Orientis partibus
Adventavit asinus,
Pulcher et fortissimus,
Sarcinis aptissimus;
Hé ! sire âne, hé !

Aurum de Arabia,
Thus et myrrham de Saba,
Tulit in ecclesia,
Virtus asinaria;
Hé! sire âne, hé!

Cum aristis hordeum
Comedit et carduum,
Triticum à palea,
Segregat in area;
Hé! sire âne, hé!

A Evreux, c'est le premier de mai que le clergé se mettoit en gaîté; il alloit en procession dans le Bois-l'Evêque, qui est près de la ville, couper des rameaux et de petites branches pour en parer les images des saints qui sont dans les chapelles de la cathédrale. On appella d'abord cette cérémonie la *procession noire*. Les clercs, bedeaux, enfans de chœur revenoient couverts d'une épaisse verdure; ce qui, dans le lointain, faisoit une espèce de forêt ambulante.

La procession noire faisoit au retour mille extravagances, comme de jeter du son dans les yeux des passans, de faire sauter les uns par-dessus un balai, de faire danser les autres de force. Rentrés dans la cathédrale, les promeneurs sonnoient toutes les cloches avec tant d'ardeur, qu'il arriva des accidens très-fréquens par la rupture des cloches. L'évêque voulut mettre ordre à cet abus ; il défendit cette sonnerie et ce qui l'accompagnoit. Mais les clercs de chœur méprisèrent ses défenses, s'emparèrent des clefs de l'église et sonnèrent pendant quatre jours. Ils poussèrent même l'insolence jusqu'à pendre par les aisselles aux fenêtres d'un des clochers, deux chanoines qui y étoient montés de la part du chapitre, pour s'opposer à ce déréglement.

Les choses se passoient comme je viens de le dire, lorsqu'un diacre nommé *Boutcille*, vint à mourir, et fonda un *obit* qui tomboit à l'époque de cette fête. Dans cette fondation, le testateur ordonna qu'on étendroit sur le pavé au milieu du chœur, pendant l'obit, un drap mortuaire, aux quatre coins duquel on mettroit quatre bouteilles de vin et une au milieu ; le tout au profit des chantres qui auroient assisté à ce service. Cette fondation du chanoine Bouteille a fait appeller dans la suite le Bois-l'Evêque où la procession noire alloit couper ses branches ; le bois de la bouteille, parce que, par une transaction

transaction faite entre le chapitre et l'évêque, pour éviter la destruction du bois, l'évêque s'obligea de faire couper par un de ses gardes autant de branches qu'il y avoit de personnes à la procession, et pendant cette distribution, on buvoit largement, et on se jetoit à la tête des galettes appelées *casse-museaux*.

Mais ce n'étoit pas seulement dans les cathédrales et dans les collégiales que se faisoit la fête des fous : cette impiété passoit jusques dans les monastères des moines et des religieuses. Nous avons encore une lettre curieuse que *Neuré* écrivit à Gassendi en 1645, pour se plaindre de ce désordre. Voici comme il parle de la fête des Innocens chez les cordeliers d'Antibes.

« Ni les religieux prêtres, ni les gardiens » ne vont au chœur ce jour-là. Les frères lais, » les frères coupe-chou qui vont à la quête, » ceux qui travaillent à la cuisine, les mar- » mitons, les jardiniers, occupent leurs places » dans l'église. Ils se revêtent d'ornemens » sacerdotaux, mais tout déchirés s'ils en » trouvent, et tournés à l'envers. Ils tiennent » dans leurs mains des livres renversés et à » rebours, où ils font semblant de lire avec

» des lunettes dont ils ont ôté les verres, et où
» ils ont agencé des écorces d'orange, ce qui
» les rend si difformes et si épouvantables,
qu'il faut l'avoir vu pour le croire, sur-tout
» ... rès qu'avoir soufflé dans leurs encensoirs,
» ap... 's remuent par dérision, ils se sont fait
» qu... cendre au visage et s'en sont cou-
» voler de ... ns des autres. Ils ne chantent
» vert la tête les ... ues, mais ils poussent
» ni pseaumes ni cant... des pourceaux,
» des cris semblables à ceux ... roient aussi
» de sorte que les bêtes brutes ...
» bien qu'eux l'office de ce jour. »

Les conciles de Bâle et de Trente défendirent toutes ces saturna...les, que les parlemens abolirent bientôt après.

Le savant abbé Duverney, dans son histoire de la Sorbonne (chapitre xxv), rapporte plusieurs coutumes analogues à celles que nous a transmises M. Dutillot; voici comme il s'exprime :

« Ch... que peuple a eu et a encore ses cou-
» tumes relig... ieuses. Il seroit difficile de dire
» lequel du Jedo ... à la Côte-d'or, et de la
» Côte-d'or à la Califor... ie, en a eu de plus
» extravagantes. Les hommes, a-t-on dit,
» souvent ont besoin d'être tr... ompés pour

» leur bien. Dites plutôt qu'on ne les a
» trompés, qu'on ne les trompe encore en
» alimentant leur esprit d'erreurs et de men-
» songes, que pour escamoter leur argent
» et leur considération. La vérité seule et la
» bonne instruction suffiroient pour les rendre
» vertueux.

» Une des fables les plus grossières dont
» on ait souillé le christianisme, et dont
» l'Italie a retiré un grand avantage, est le
» voyage de la maison de la sainte Vierge.
» Quand on eut persuadé aux Italiens que
» cette casemate juive avoit fait, à travers
» les airs, la route de la Palestine à Lorette,
» il ne fut pas difficile de faire croire aux
» habitans de Véronne que l'ânesse qui avoit
» servi de monture à Jésus-christ, étoit
» venue à pied et *par mer*, des prairies de
» Jérusalem sur les bords du golfe Adria-
» tique. Une erreur dispose à une autre
» erreur. Le peuple, toujours avide du mer-
» veilleux, crut ces contes qui ont avili et
» déshonoré la raison.

» Après la mort de cet âne, on traita son
» corps comme on auroit traité celui d'un
» pape mort en odeur de sainteté. Ses osse-

» mens furent encaissés dans un coffre d'ar-
» gent, et exposés sur un autel à la vénéra-
» tion publique. Toutes les années il se
» faisoit à Véronne une procession solem-
» nelle, où quatre moines robustes por-
» toient sur leurs épaules la châsse de cette
» bourique, comme on porte sur les épaules
» la châsse de saint Grégoire le Taumaturge.
» Les théologiens Italiens qui par état et
» pour l'honneur de la religion auroient dû
» s'élever contre ces fables extravagantes,
» les livrèrent à leurs cours par un silence
» coupable.

» Nous eumes en France des liturgies
» encore plus abominables que celle de la
» procession des reliques de l'âne de Véronne,
» et nos théologiens ne s'élevèrent que très-
» tard contre ces liturgies.

» Parlons d'abord de l'épiscopat des fous.
» Cette fête se célébroit dans la cathédrale
» de Paris, sous les yeux de l'évêque et de
» la Sorbonne. On créoit un évêque des
» fous. Les ecclésiastiques déguisés, les uns
» en femmes, et les autres en bêtes, escor-
» toient cet évêque à la procession, entroient
» dans l'église avec lui, montoient en dansant

» sur les marches du grand-autel sur lequel
» étoit une vaste jatte de soupe grasse. L'évê-
» que bénissoit la soupe et la messe com-
» mençoit. Pendant qu'on la célébroit, on
» jouoit aux cartes et aux dez autour du
» célébrant. Les femmes étoient mêlées avec
» les ecclésiastiques, et tous ensemble trin-
» quant, buvant, se caressant, mangeoient
» la soupe grasse et chantoient des chansons
» dissolues. Les orgies des Bacchantes étoient
» peut-être moins abominables que la céré-
» monie de cette soupe grasse qui en France
» dura plusieurs siècles.

» L'épiscopat de l'âne se chomoit princi-
» lement dans l'église de Beauvais. Pour
» cette solemnité, on choisissoit dans le
» canton le plus bel âne. Après l'avoir coiffé
» d'une mître et enharnaché d'une chappe,
» on l'instaloit avec de grandes cérémonies
» au milieu de la nef; de-là, on le menoit
» vers le maître-autel, et on l'y plaçoit à côté
» de l'évangile. Les prêtres et le peuple célé-
» broient, en chantant, les graces, la dou-
» ceur, la beauté et la force de l'âne enchappé.
» On connoît le refrein de l'hymne en son
» honneur.

Ah ! sire âne, ça chantez,
Belle bouche rechignez ;
Vous aurez du foin assez,
Et de l'avoine à planté.

» Au lieu de neuf *kyrie eleïson*, les » chantres et le peuple répétoient neuf fois » *hi ! ham !* Au lieu de dire *ite missa est*, » le prêtre se mettoit à braire, et le clergé » répondoit en *braïant*.

» Le royaume des *Noircis* qu'on fêtoit » dans le diocèse de Vienne en Dauphiné, » ne le cède point en turpitudes à l'épis- » copat de l'âne. Une troupe de gougeats, » dont les magistrats approuvoient le choix, » se rendoient de grand matin et dans une » grande nudité au palais de l'archevêque » qui leur nommoit un roi et bénissoit leur » troupe ; de-là, les *Noircis* alloient au mo- » nastère de saint André. L'abbesse leur » donnoit pour reine la plus belle de ses pen- » sionnaires ; mais avant de la leur confier, » elle leur faisoit jurer de ne pas déflorer » leur reine.

» Après ce serment, les *Noircis*, bénis » par l'archevêque et ayant à leur tête leur » roi et leur reine, alloient entendre la » messe qu'on célébroit en l'honneur de saint

» Paul ; ensuite montés à cheval, ils cou-
» roient les rues, jetant des poignées de cen-
» dres dans les yeux de ceux qu'ils rencon-
» troient, injuriant tous ceux et toutes celles
» dont la conduite n'étoit pas régulière. On
» regardoit ces *Noircis* comme les correcteurs
» des mœurs, et souvent ils ne furent que
» des diffamateurs. »

(E) Pag. 31. (*Fête de l'Assomption à Dieppe.*)

Cette journée étoit également consacrée aux débats des Muses ; un conseil de gens lettrés jugeoit publiquement, et couronnoit la meilleure pièce de vers présentée par les poëtes du pays, et dont le sujet étoit ordinairement religieux ; on appeloit ces concours les *palinods*. Pour faire juger quel était le goût du siècle, nous allons rapporter une des dernières pièces qui remportèrent le prix ; c'est l'éloge de la Vierge Marie.

Ni les feux des soufres ardens,
Ni des pirates l'équipage,
Pillant sur la mer en tout tems,
N'ont fait en cette nef dommage,
Quoique souvent par grand orage
Soit assaillie : elle est habille,
Et a bon mât et ancre et quille.

La tempête, tourmente ou vents,
Ni les éclairs bruyans en rage,
N'ont pu, par efforts violents,
Empêcher le bon navigage,
Ni submerger par un naufrage,
La mer que Caribde ne Scille
Ne craint; elle a trop bon cordage;
Elle a bon mât et ancre et quille.

En vrai Satan grinça les dents,
Au tems passé et de notre âge
Avec ses amis adhérents,
Hérétiques qui sont en cage,
Dans les enfers leur héritage,
Contre l'église et l'évangile;
Elle a bon mât et ancre et quille.

Prince, par cet nef s'entend,
La Vierge à qui les durs liens
De loi, péché et coulpe vile,
N'ont fait tort, tel est mon vrai sens;
Elle a bon mât et ancre et quille.

(F) Page 33. (*Cornards et Mère folle.*)

C'est encore dans les Saturnales Romaines qu'il faut chercher l'origine des sociétés extravagantes, connues sous le nom de *cours des Sots*, *Conards*, *régiment de la Calotte*, etc. etc. Il y a peu de villes qui, sur la fin du seizième siècle, n'ait eu une institution de folie. L'an 1511, on joua aux halles de Paris, le jeu du prince des sots. C'étoit une espèce de drame satyrique qui se terminoit par un chant dont le refrein étoit :

Tout par raison,
Raison par-tout,
Par-tout raison.

A Rouen, ces fous avoient pour chef un abbé qu'ils élisoient sous le titre d'*abbas Conardorum*. La famille de Buzot, l'infortuné député, fut long-temps en possession de fournir des abbés à la confrairie des Conards. Quand cet abbé se promenoit en cérémonie sur un âne, on chantoit autour de lui.

De asino bono nostro,
Meliori et optimo,
Debemus faire fête.
En revenant de *Gravinaria*,
Un gros chardon *reperit in viâ*;
Il lui coupa la tête.

Vir monachus in mense julio
Egressus est è monasterio;
C'est dom de la Bucaille.
Egressus est sine licentiâ,
Pour aller voir *dona Venissia*,
Et faire la ripaille.

Gravinaria, signifie Gravigny, terre dont les Chartreux étoient seigneurs. *Dom de la*

Bucaille étoit un prieur de Saint-Taurin, lequel, au gré des Conards, rendoit de trop fréquentes visites à la dame de Venisse, prieure de l'abbaye de Saint-Sauveur de la même ville.

En 1450 environ, s'établit à Dijon une société qui devint depuis célèbre, sous le nom d'*infanterie Dijonoise*, présidée par la *Mère folle*.

On s'assembloit tous les ans au temps des vendanges. Les membres mangeoient tous ensemble au nombre de cinq cents personnes. Ils faisoient une promenade dans la ville, montés sur des charriots et des chevaux, et déguisés de toute manière, haranguant le peuple et faisant la satyre des mœurs. Les sociétaires portoient des habits bigarrés de jaune, de rouge et de verd. La Mère folle avoit une cour comme un souverain, sa garde suisse, sa garde à cheval, ses officiers de justice, son chancelier, son écuyer, etc. Les jugemens qu'elle rendoit s'exécutoient nonobstant appel qui se portoit au parlement. L'infanterie avoit un drapeau sur lequel étoit peinte une femme assise, vêtue de trois couleurs, avec un chaperon à deux cornes, et une infinité de petits fous qui sortoient de dessous ses jupons et les fentes de ses habits. Autour étoit écrit : *Stultorum plena sunt omnia*. En 1626, elle fit graver un sceau ayant pour devise : *Sapientes stulti aliquando*; et pour exergue, *stultitiam simulare loco summa prudentia est.*

L'infanterie Dijonnoise a compté parmi ses membres beaucoup de personnages illustres. Voici l'acte de réception de Henri de Bourbon, prince de Condé, premier prince du sang, admis en la compagnie de la Mère folle de Dijon, l'an 1626.

Les superlatifs, mirelifiques et scientifiques loppinans de l'infanterie Dijonnoise, régens d'Apollon et des Muses; nous légitimes enfans figuratifs du vénérable père Bon-tems et de la Marotte, ses petits-fils, neveux et arrière-neveux, rouges, jaunes, verts, couverts, découverts et forts en gueule : à tous fous, archi-fous, lunatiques, hétéroclites, éventés, poètes de nature, bizarres, durs et bien mols, almanachs vieux et nouveaux, passés, présens et à venir; *salut* : doubles pistoles, ducats et autres espèces forgées à la Portugaise, vin nouveau sans aucun mal-aise ; savoir faisons et chelme qui ne le voudra croire, que haut et puissant seigneur *Henri de Bourbon*, etc. à toute outrance auroit S. A. honoré de sa présence les feslus et goguelus mignons de la Mère folle, et daigné requérir en pleine assemblée d'infanterie, être immatriculé et récepturé, comme il a été reçu et a été couvert du chaperon sans pareil, et pris en main la Marotte, et juré par elle et pour elle, ligue offensive et défensive, soutenir inviolablement, garder et maintenir folie en tous ses points ; s'en aider et servir à toute fin, requérant lettres à ce convenables. A quoi inclinant, de l'avis de notre très-redoutable dame et mère, de notre certaine science, connoissance, puissance et autorité, sans autre information précédente, à plein confiant S. A., avons icelle avec allégresse par ces présentes *hurelu berelu*, à bras ouverts et découverts, reçu et impatronisé, le recevons et impatronisons en notre infanterie Dijonnoise, en telle sorte et manière, qu'elle demeure incorporée au cabinet de Linteste, et généralement tant que folie durera, pour, par elle y être, tenir et exercer à son choix telle charge qu'il lui plaira, aux honneurs, prérogatives, prééminences, autorité et puissance, que le ciel, sa naissance et son épée lui ont acquis. Prêtant S. A. main-forte à ce que folie s'éternise et ne soit empêchée, ains ait cours et décours, débit de sa marchandise, trafic et commerce en tout pays, soit libre par-tout et en tout privilégiée.

Moyennant quoi, il est permis à S. A. ajouter, si faire le veut, folie sur folie, franc sur franc, *anté, sub anté, per ante*, sans intermission, diminution ou interlocutoire que le branle de la mâchoire; et ce aux gages et prix de sa valeur, qu'avons assignés et assignons sur nos champs de Mars, et dépouilles des ennemis de la France, qu'elle lèvera par ses mains sans en être comptable, donné et souhaité à S. A.

A Dijon où elle a été,
Et où l'on boit à sa santé;
L'an six cent mil avec vingt-six,
Que tous les fous étoient assis.

Signé par ordonnance des redoutables seigneurs, buvans et folatiques, et contre-signé *Deschamps*, maire; et plus bas, *le Griffon verd.*

Parmi les poésies burlesques que les fous Dijonnois récitoient dans leurs fêtes, il en est de fort originales, entr'autres *le Réveil de Bon-tems*, dialogue fait en 1623. Deux vignerons sont censés chercher le Bon-tems qu'ils ont perdu; ils le rencontrent et le questionnent en patois bourguignon sur ce qu'il a vu depuis qu'il est absent. Bon-tems répond en français :

Je sors du profond des déserts,
Où sont éternels les hivers,
Où le soleil jamais n'éclaire;
Là, par l'espace de deux ans,
J'ai vécu comme un solitaire,
Sans plaisir et sans passe-tems.
Mais ores que l'air des tambours
Ne trouble plus l'heur de mes jours,
Et que la paix par la sagesse,
Et le bras vainqueur de Louis,
Remettant aux fers la tristesse,
Rend tous ses peuples réjouis.
A vous je reviens, chers enfans,
En ma belle humeur de Bon-tems,
Et pour vous conter des merveilles,
Ouvrez seulement vos oreilles.
Dans mes certaines visions,
Il n'y a point d'illusions.

J'ai vu au bout de l'océan,
Un jeune et valeureux géant
Mépriser les flots de Neptune
Et l'inconstance de la lune.

J'ai vu Saturne qui disoit
Que Jupiter le méprisoit,
En voulant couper à sa guise
Les cheveux de sa barbe grise.

J'ai vu d'étranges accidens,
Des loups qui n'avoient point de dents,
Dévorer les bois et les plaines,
Les maisons, les champs, les fontaines.

J'ai vu des harpies de la cour,
A l'aide d'un jeune vautour,
Jusques ici faire leurs courses,
Et sucer le sang de vos bourses.

J'ai vu Atlas tout plein de fiel,
Vouloir abandonner le ciel
Pour le laisser tomber à terre,
Étonné du bruit de la guerre.

J'ai vu une marmite d'or
Où l'on cuisoit pour un malade,
Un restaurant de pied de porc,
[illegible]ur dessert, une salade.
Et p[illegible]

[illegible] mylord de France,
J'ai vu un gro[illegible] appris,
Sage, discret et bie[illegible]ce,
Qui disposoit de la finan[illegible]
Et si pourtant il n'a rien pris.

J'ai vu, mais je l'ai vu souvent,
Plusieurs rodomons faire rage,
A s'escrimer contre le vent;
Au combat, manquer de courage.

J'ai vu un faux conseil tenu,
Pour mettre le monde en chemise,
Et à la fin le rendre nu,
Si Aristide n'y advise.

Par édit donné à Lyon, le 21 juin 1630, l'infanterie Dijonnoise fut supprimée; cet édit porte :

Considérant aussi les plaintes qui nous ont été faites de la coutume scandaleuse observée en ladite ville de Dijon, d'une assemblée d'infanterie, et mère folie qui est vraiment une mère et pure folie, des désordres et débauches qu'elle a produits, et produit encore contre les bonnes mœurs, repos et tranquillité de la ville, avec mauvais exemples. Voulant déraciner ce mal et empêcher qu'il ne renaisse si vîte à l'avenir, nous avons, de notre pleine puissance et autorité royale, abrogé, révoqué et aboli, etc. ladite compagnie. Défendons à tous nos sujets de s'associer sous le nom d'infanterie ou mère folie, ni faire ensemble festins à ce sujet, à peine d'être déclarés indignes de toutes charges de ville, dont, dès-à-présent, nous les avons déclarés indignes et incapables d'y être jamais appelés; et outre ce, à peine d'être punis comme perturbateurs du repos public.

Voye

(Voyez dans l'Encyclopédie, les articles *calotte, satties, enfans-sans-souci*, etc.)

Il s'étoit formé il y a quelque temps à Paris, une société de gens de lettres et d'artistes aimables, sous le titre d'*Académie des bêtes*. Il étoit défendu d'y jamais parler raison. Les calembourgs, les turlupinades, les contre-petteries, le style burlesque et macaronique, les équivoques, les parodies, les anagrames, chronogrames, rebus, quolibets, tantogrammes, la logomachie, formoient le langage de cette société. Elle tenoit ses séances sur le Boulevard en face de *Montmartre*, chez un traiteur nommé *Gaudin*. On lui avoit donné la préférence, parce que son nom est l'anagrame de *nigaud*. La franche gaité, la spirituelle bouffonnerie étoient l'ame de cette Académie. Elle devint trop nombreuse, on y introduisit des distinctions, des égards de politesse, la gaité disparut, et M. Rosières, président des bêtes, eut assez d'esprit pour sentir qu'il n'avoit plus rien à présider.

On essaie en ce moment de recréer cette joyeuse société.

(G) Page 37. (*La véritable Nina.*)

Cette infortunée, dont l'aventure est généralement connue, avoit cinquante-deux ans quand ce voyage fut fait. Elle alloit encore tous les jours au-devant de son amant, et quelque temps qu'il fit, pluie, neige, vent, grêle ou tonnerre, elle montoit la montagne de Rouen et s'avançoit environ un quart de lieue sur la route. Souvent les pâtres, les passans l'insultoient; elle ne paroissoit point s'en appercevoir et ne proféroit pas une seule parole. Un officier, dans l'intention d'éveiller la pitié et d'inspirer du respect pour cette intéressante folle, a fait la romance suivante qui bientôt fut chantée dans toute la Normandie.

C'est dans les champs de la Neustrie
Que vivoit au pays de Caux,
Une fille jeune et jolie,
Pour qui soupiroient cent rivaux.
Justine est le nom de la belle;
Justine a préféré Roland;
En vain la chaîne solemnelle
Va rendre heureux ce couple aimant.

Mais un papier trop nécessaire
Manque et suspend le tendre nœud;
Il manque, et le prêtre sévère,
Du ciel a refusé l'aveu.

—Eh bien ! moi-même pour Carbie,
Je pars. . . . —Non, non, je te retiens ;
—Avant huit jours, ma douce amie,
Avec ce papier je reviens.

Il part, et son amante en larmes
Suit des yeux ce cher voyageur ;
Il disparoît, et mille allarmes
Mettent le comble à sa douleur.
Tendre Justine, un cœur de roche
Seroit sensible à vos sanglots;
Mais calmez-vous, le tems approche
Qui va vous rendre le repos.

Ce jour luit, et la jeune fille
S'écrie : Enfin c'est aujourd'hui ;
O mes amis ! ô ma famille !
Courons tous au-devant de lui.
Lourdement le carrosse avance,
On le joint. .. Est-ce vous, Roland ?
Roland, un vieillard en silence
Paroît, se découvre et descend.

Je viens exprès, Mademoiselle. . . .
—Ciel ! Roland ne veut plus de moi !
—Mon pauvre fils ! —Ah ! l'infidelle !
—Non, il n'a pas trahi sa foi.
—Pourquoi ne vient-il pas lui-même ?
—Les dieux ont arrêté ses pas.
—On préfère aux dieux ce qu'on aime !
—Hélas ! vous ne m'entendez pas !

Du bon vieillard qui se lamente,
Les pleurs achèvent le récit.
O ciel ! dit, en tombant, l'amante,
Il est mort ! et Justine vit....
Sans mouvement, anéantie,
On la ramène à la maison,
Des secours lui rendent la vie,
Mais c'en est fait de sa raison.

Oui, sa raison s'est égarée,
Depuis cet instant sans retour.
Voici la cinquantième année,
Qu'elle est toute entière à l'amour.
Et que, sans y manquer, Justine,
Bravant le tems et la saison,
Chaque jour, à pied, s'achemine
Au lieu fatal à sa raison.

Dans cet endroit elle s'arrête
Où lui parla le bon vieillard,
Puis tristement levant la tête,
Au loin elle jette un regard.
Ne voyant point ce qu'elle adore,
Elle dit en pressant son sein :
« Hélas ! il ne vient pas encore ?
» Eh bien ! je reviendrai demain. »

O vous, qui dans cette contrée,
Cherchez le commerce et les arts;
Si cette folle infortunée
Venoit s'offrir à vos regards,

S'en moquer, ce seroit un crime;
Plaignez son malheureux espoir,
Et respectez dans la victime,
L'amour et son affreux pouvoir.

N. B. Cette romance peut se chanter sur l'air : *Que j'aime à voir les hirondelles,* du citoyen Plantade ; ou *La douce clarté de l'aurore,* de Lodoïska; ou *Ombre sensible, ombre plaintive,* de Werther et Charlotte.

(H) Page 89. (*Collégiale d'Ecouis.*)

Outre le tombeau du sire d'Ecouis, la collégiale renferme aussi celui d'Enguerrand de Marigny, ministre de Philippe-le-Bel, et pendu à Monfaucon pour ses déprédations; (on pendoit alors les ministres infidèles.) Comme une partie des rapines d'Enguerrand, avoit servi à bâtir l'église d'Ecouis, les prêtres lui firent cette pompeuse épitaphe :

Ci dessous gît de ce pays l'honneur,
De Marigny et de ce lieu seigneur,
Dit Enguerrand, sage chevalier,
Du roi Philippe le grand conseiller
Et grand maître de France, très-utile
Pour le pays, comte de Longueville.

Cette église présente, jadis fit édifier
L'an mil trois cent et dix, pour honorer
Des cieux la reine dame;
Cinq ans après, à Dieu rendit son ame
Le dernier jour d'avril;
Puis fut mis ici:
Priez Dieu qu'il lui fasse merci.

Du côté de l'épître est le tombeau du duc de Châtillon-sur-Marne. Au milieu du chœur est celui de Blanche de Gamaches.

PIÈCES FUGITIVES.

PIÈCES FUGITIVES.

L'INFIDÉLITÉ FORCÉE.

ROMANCE.

HIER, dans un tendre délire,
Un Troubadour jeune et bien fait
Me vantoit la beauté d'Elvire,
Me répétant à chaque trait,
Il faut qu'on l'aime, qu'on l'admire!
Chantez, chantez, beau Troubadour;
Croyez votre amante accomplie:
Mais pour elle, adieu votre amour,
Si vous voyez mon Eugénie.

ELVIRE joint à la jeunesse,
Esprit, douceur, naïveté;
Ses yeux inspirent la tendresse,
Et sa bouche la volupté.
Les graces la suivent sans cesse....
Chantez, chantez, beau Troubadour,
Vantez les traits de votre amie;
Mon cœur me dit, pour toi l'amour
Fit plus.....il a fait Eugénie.

Elvire mieux que Therpsicore,
Danse et folâtre dans nos jeux ;
Elle chante, et sa voix sonore
Rend son amant plus amoureux ;
Elle a cessé.... j'écoute encore :
Aimez, aimez, beau Troubadour,
La douce voix de votre amie ;
Le rossignol, ivre d'amour,
Se tait pour entendre Eugénie.

A la raison, au badinage,
Elvire ajoute la bonté ;
Du vrai talent elle encourage
La modeste timidité.
Son cœur est l'école du sage....
Par ses leçons, beau Troubadour,
Soyez sage toute la vie.
Pour moi, l'école de l'amour
Est le cœur de mon Eugénie.

Il me quitta ; mais au village
Je l'ai rencontré ce matin,
Seul et rêveur, cherchant l'ombrage,
Il m'évitoit d'un air chagrin.
A s'épancher mon cœur l'engage ;
Mon ame, dit le Troubadour,

Par vous de douleur est remplie.
Pour Elvire n'ai plus d'amour ;
J'ai vu.... je connois Eugénie.

LE FILS INTÉRESSÉ.

ÉPIGRAMME.

OUI, cher ami, mon peré mé désole,
Me dit hier certain Gascon,
Grand partisan des sables du Pactole.
Il sé ruine tout dé bon.
Né crois pas qué cé soit uné simple vétille;
Sandis ! j'aurois dé plus
Au moins cent mille écus,
S'il n'étoit pas entré dans ma famille.

ÉPITAPHE

D'UNE JOLIE CHIENNE.

Emblême heureux des cœurs qui se gardent leur foi,
Entre deux vrais amis j'ai terminé ma vie ;
Je suis morte de jalousie
De les trouver plus fidèles que moi.

LE PRESBYTÈRE DE L'AMOUR.

A la C.ne ***, *qui avoit soumissionné le Presbytère de S....*

Las de tourmenter les mortels,
L'Amour voulant devenir sage,
Vient de choisir un hermitage,
Où de Vénus il dessert les autels.
Souvent il y reçoit sa mère,
Qui pour le voir quitte sa cour.
Qu'il est joli le presbytère,
Le presbytère de l'Amour !

Auprès d'un trône de gazon,
Dans le fond d'un riant bocage,
Jurant de n'être plus volage,
Le petit dieu se met en oraison;
Il lit alors pour breviaire,
Bertin, Parny, Bernard, Grécourt;
C'est le missel du presbytère,
Du presbytère de l'Amour.

Pour le prêtre d'un autre dieu
On a bâti cet hermitage;
L'Amour a conservé l'usage
Qu'avoient alors les meubles du saint lieu.
Sur le sein chéri de sa mère,
Il place la croix chaque jour.
On est dévot au presbytère,
Au presbytère de l'Amour.

Dans son oratoire secret,
Son flambeau lui tient lieu de cierge;
Il ne brûle point pour la vierge,
Mais de Vénus éclaire le portrait.
Le plaisir entre au sanctuaire
Sitôt que vient la fin du jour,
Et consacre le presbytère
Le presbytère de l'Amour.

Petit bénitier de corail
Pare cet asyle champêtre
Depuis qu'Amour en est le maître :
L'orner, l'emplir est son plus doux travail,
Et du goupillon salutaire
Vénus se servant à son tour,
Bénit le joli presbytère,
Le presbytère de l'Amour.

LE SOUHAIT FLATTEUR.

Damis lisoit un drame, on en faisoit l'éloge ;
Ah ! dit Chloé, monsieur, votre ouvrage est charmant,
Je desire sincèrement
Qu'il tombe un de mes jours de loge.

TRADUCTION

DE LA DEVISE DE FRANCKLIN.

Eripuit cælo fulmen, sceptrumque tyrannis.

Au vainqueur des Titans
Il arracha la foudre,
Et réduisit en poudre
Le sceptre des tyrans.

CICÉRON

AU BUSTE DE ROSCIUS.

Chéri pour ses talens, chéri pour ses bienfaits,
Au théâtre il n'eut point de maître :
Par ses talens, il dut seul y paroître ;
Par ses vertus n'y paroître jamais.

DERNIER VŒU D'EUGÉNIE.

STANCES IMITÉES DE L'ANGLAIS.

Je croyois que l'amour
Devoit durer toute la vie ;
Je fus ardemment chérie,
Je ne le fus qu'un jour.

Ainsi que le zéphir
Qui passe sur la fleur nouvelle,
L'amour n'est pour une belle
Qu'un souffle du plaisir.

Pour consoler mon cœur,
L'amitié vint m'offrir ses charmes;
L'amitié sécha mes larmes
Par dix ans de bonheur.

Adieu donc à l'amour;
J'aime mieux, si je suis chérie,
L'ami de toute ma vie,
Que l'amant d'un seul jour.

LA DETTE AVOUÉE.

Quand on est aussi gras, doit-on crier misère?
Placer les indigens est le vœu de la loi,
Disoit hier un ministre sévère
A son commis Dorval qui perdoit son emploi.
— Si je vous parois gras, répond-il, sur ma foi,
Vous êtes dans l'erreur, et ce n'est point ma faute.
Cet embonpoint n'est pas à moi;
Depuis deux ans je le dois à mon hôte.

MOT DE CARLIN.

Moi, prêter à Scapin ! Je ne suis pas si fou.
Sachez que l'an dernier, à cet adroit filou,
J'ai prêté deux liards pour le tirer de peine :
Il devoit me les rendre au bout de la semaine;
Je fus plus de six mois sans en tirer un sou.

SONGE.

A M.me Lahaie, *qui m'avoit demandé des vers sur son nom.*

Je suis souvent heureux en songe ;
Chacun dira : pauvre Félicité !
J'en conviendrai ! si tout n'est pas mensonge,
Dans un beau rêve, hélas ! tout n'est pas vérité.
Témoin celui que dans la nuit dernière
Créa mon esprit agité ;
Toi seule en ce chaos dois porter la lumière,
Toi seule peux le rendre une réalité.

Le cœur rempli de ta céleste image,
Brûlant des feux du plus ardent desir,
Je voyageois sur un nuage
Que dirigeoit l'haleine du zéphir.
Les mers, les forêts, les campagnes,
Les vallons, les lacs, les montagnes,
J'ai tout franchi; j'arrive en un instant
Aux climats fortunés où le cœur est constant.
Je descends à Paphos, et vois près du rivage,
Ce temple où les mortels, dans le printems de l'âge,
Sans craindre un pénible avenir,
Sous le nom de l'amour adorent le plaisir.
Que n'ai-je le pinceau de Zeuxis ou d'Appelle,
Pour retracer ce lieu charmant!
Il prend à tout moment une forme nouvelle.
(En rêve on bâtit aisément.)
C'est un palais, un hermitage,
Le boudoir de Sophie, ou l'asyle d'un sage.
Vers l'enceinte aussitôt je vole avec transport,
Je mélance et bénis le sort....
Mais, ô prodige inconcevable!
Une barrière redoutable
S'élève entre le temple et moi.
C'est *une haie*.... un buisson circulaire,
Où croit la fleur vermeille et fraîche comme toi.
Je m'arrête, et bientôt du fond du sanctuaire

La voix d'un prêtre ou le dieu de Paphos,
D'un ton mystérieux, fait entendre ces mots :
« Jeune imprudent que rien n'effraie,
» Par tes efforts. . . . Si dans la haie
» Tu pénètres sans la flétrir ;
» Pour prix de ton heureuse adresse,
» Tu jouiras de la plus douce ivresse,
» Et tu seras au temple du plaisir. »
La promesse des dieux ranime mon courage,
L'obstacle m'enhardit, je tente le passage.
Quand un démon, jaloux de mon bonheur,
M'éveille... Au même instant, le buisson, l'hermitage,
Tout disparoît ainsi qu'une vapeur,
Je n'ai pas tout perdu, puisqu'il laisse en mon cœur,
Et mes desirs et ton image.

SUR L'ACCOUCHEMENT DE M.me L***, FEMME D'UN CÉLÈBRE GRAVEUR.

De ton époux je suis admirateur;
Mais quand l'amour, pour ton bonheur,
Te donne enfin le doux titre de mère,
Je t'admire bien plus ! Tu prouves aujourd'hui,
En montrant dans ton fils tous les traits de son père,
Que tu sais mieux graver que lui.

LE CANDIDAT.

A M.lle LAPLACE, *qui m'avoit demandé si je sollicitois quelque emploi.*

Air : *Jupiter un jour en fureur.*

Il est un poste précieux
Que chacun cherche, ambitionne ;
Ce poste, une femme le donne
A celui qui lui plaît le mieux.
Quoi que je dise et que je fasse,
Je crains de voir fuir la faveur ;
Mais si l'on juge le cœur,
Je mérite *la place*.

J'AI cent redoutables rivaux
Qui contre moi vont la défendre ;
D'Alcide avant que de me rendre,
J'égalerai tous les travaux.
Je sens redoubler mon audace ;
Si le prix est pour la valeur,
J'espère qu'avec bonneur
J'emporterai *la place*.

QUE j'obtienne un si beau succès,
Je célébrerai ma conquête ;
Déja je me fais une fête
D'en savourer tous les attraits.
Je ne crains plus que l'on me chasse ;
Et pour ne point me démentir,
Je fais le vœu de mourir
En restant sur *la place*.

LE PÈRE PRUDENT.

Conte.

Lisimont marioit son fils à dix-huit ans.
— A vous presser ainsi quel motif vous engage ?
Lui dit le grave Ariste : attendez que le tems
Ait mûri sa raison pour le mettre en ménage.
Non, non, dit Lisimont, le conseil est mauvais.
Vraiment si j'attendois que mon fils devînt sage,
Il ne se marieroit jamais.

ÉPIGRAMME.

Damon plaide ; sa cause au fond est excellente.
La forme le condamne ; il perd, il se lamente.
— Mais quelle enfance !... En vérité,
Ce jugement ne peut surprendre qu'un novice.
Il n'est pas selon l'équité,
Mais il est selon la justice.

LA DISTINCTION.

Une Laïs en tête à tête
Déroba les bijoux d'un riche fournisseur.
Ah ! s'écria Phryné, chez nous on peut, ma sœur,
Être coquine, soit; mais il faut être honnête.

L'AVEU INVOLONTAIRE.

Oui, je viens à l'instant de me trouver très-mal,
Disoit en minaudant la prude et laide Orphise.
Vous l'avouez? Madame, dit Dorval;
Vous l'avouez? quel excès de franchise!

L'AVARE RECONNOISSANT.

Dans un château, l'avare Durangé
Pendant six mois, sans aucune dépense,
Avoit été bien nourri, bien logé,
Quand une affaire d'importance
L'obligea de prendre congé.
Le maître du château, généreux sans mesure,
De fruit et de gibier fait emplir sa voiture.
Jean son valet, garçon fort empressé,
Prépare tout pour le voyage,
Et s'attend bien, selon l'usage,
Qu'on récompensera son zèle intéressé.
A partir à la fin, Durangé se dispose,
Et dit à ce valet, comptant bien revenir:
« La première fois, Jean, faites-moi souvenir
» De vous promettre quelque chose. »

LE PHÉNIX EXPLIQUÉ.

MADRIGAL.

L'OISEAU mystérieux qu'on voyoit à Memphis,
Tous les cent ans se brûler pour renaître,
Est un emblême adroit où l'on peut reconnoître
L'enfant allé de la belle Cypris.
Mais dans tes bras, ma douce amie,
Ce merveilleux phénix, à chaque instant du jour,
Aime à trouver le trépas et la vie.
Lorsque du dieu d'amour,
Par le plaisir l'existence est ravie,
Un regard, un baiser lui rendent sa vigueur;
Et s'il meurt dans mes sens, il renaît dans mon cœur
Pour mieux aimer mon Eugénie.

LA FAÇON DE VOIR.

COMME il est enlaidi, ce monsieur de Boisvieux !
— Madame, mon avis est différent du vôtre :
Vu d'un certain côté, je le trouve un peu mieux.
— De quel côté ? mais.... c'est toujours de l'autre.

LA LEÇON DE MAL-ADRESSE.

QU'EST-CE, Frontin ? et que viens-je d'entendre ?
— Monsieur... votre miroir... que j'ai posé sur rien,
En deux morceaux vient de se fendre.
— Oh ! j'en ferois autant. — Vraiment, je le crois bien,
Je viens de vous l'apprendre.

LE POÈTE ET LE PHARMACIEN,

OU

MES ADIEUX AUX LITTÉRATEURS.

MES bons amis, les Chinois ont raison
De dire au fils : suis l'état de ton père.
Est-il soldat ? ta place est à la guerre.
Est-il maçon ? bâtis une maison.
On apprend bien ce qu'on voit toujours faire.
Je le savois, et j'ai fait le contraire.
A qui la faute ? elle est à vous, amis,
Qui, parmi vous, trop tôt m'avez admis.
En vous lisant, il me parut facile,
Rimant une ode, une épître, un sonnet,
D'unir la force et les graces du style,
Ou de Momus, affublant le bonnet,
De fredonner un joyeux vaudeville.
Je suis puni de ma témérité.
En étourdi j'ai broché quelques pages,
Et me suis cru par Phœbus adopté.
Trop douce erreur ! ces glorieux suffrages
En tous les tems conquis par vos ouvrages,

On les refuse aux essais de ma voix.
Plus d'un censeur, sans apprêt, sans prologue,
M'a dit : vos vers ! tenez, *c'est de la drogue.*
Bien à regret, mes amis, je les crois,
Et je conclus, inhabile à mieux faire,
Que pour *la drogue* ayant quelque talent,
Charles, demain, se fasse *apothicaire.*
« Bon, direz-vous, le tour est excellent;
» Nous te verrons mettant genoux en terre,
» Seringue en main, remplir le ministère
» Que Pourceaugnac trouva si déplaisant. »
Riez, amis, faites comme Molière :
Entre parens où passe la gaîté.
— Qui ? nous parens ! la chose n'est pas claire.
Ah ! vous doutez de notre parenté ?
Eh bien ! voyons quelle est notre origine.
Le dieu des vers, sur la double colline,
N'étoit il pas le dieu de la santé ?
Et quand ce dieu, dans sa couche divine,
Eut fait entrer la nymphe Coronis,
N'en eut-il pas Esculape pour fils ?
Vous le voyez, amis, la médecine
Est de la rime un tant soit peu cousine ;
Aussi depuis, rimeur et médecin,
Entr'eux toujours ont un rapport certain.
Des végétaux l'adroit Pharmacopole

Retient l'*esprit* qui s'échappe et s'envole.
Lorsqu'un auteur fait paroître un écrit,
Qui cherche-t-on? n'est-ce pas de l'*esprit?*
Egalement tous les deux, sans scrupule,
Savent *dorer*, comme on dit, *la pilule*.
Quand l'un *distille* en la verte saison,
Le thym, l'œillet, la douce *leucanthéme* 1;
L'autre en tous tems *s'alambique* lui-même
Pour accorder la rime et la raison.

Ne croyez pas qu'oubliant le Parnasse,
Je rompe, amis, tout commerce avec vous:
Foi de docteur, quelqu'état que j'embrasse,
Plaire aux rimeurs sera pour moi fort doux;
Et si je prends le tablier d'office,
Ma drogue et moi sont bien à leur service.

Si l'un de vous auprès de la beauté
N'obtient plus rien de sa muse érotique,
Par deux beaux yeux, s'il n'est plus excité,
Sans balancer qu'il vienne à ma boutique.
La *cantharide* est un remède unique;

---

1 Comme la science a le don de tout éclaircir! La *leucanthéme* est tout simplement la *marguerite*, dont la feuille entre dans la composition de l'eau vulnéraire.

Par cet insecte, avec soin apprêté,
J'éveillerai son esprit léthargique ;
J'y ferai naître un transport poétique.
De ses desirs, de sa verve orgueilleux,
Il doutera, dans sa nouvelle ivresse,
Si c'est l'amour ou le dieu du Permesse
Qui dans son cœur allume tant de feux.
Un grave auteur abjurant la folie,
De plaire aux sots qui jugent le génie,
Pour retrouver santé, raison, repos,
Et perdre enfin l'erreur qu'il aime encore,
Vient-il chez moi ? j'administre à propos
Au pénitent, quatre grains d'*ellébore*.

J'aurai toujours pour vos nombreux lecteurs,
Des *stimulans* qui du soir à l'aurore,
Du lourd sommeil chasseront les vapeurs,
Tandis, amis, que chez vos détracteurs,
De l'orient le pavot *somnifère*
Engourdira la médisance amère.

Quoi ! direz-vous, de l'offre émerveillés,
Quoi ! tu pourrois par tes secrets magiques,
Tenir toujours nos lecteurs éveillés,
Tenir toujours endormis nos critiques ?
Oh ! pour le coup nous ne renions plus

Ton parentage et ton beau parallèle.
Je le crois bien, ce seroit soins perdus..
Je puis encor comparer de plus belle
Dans leurs enfans Hippocrate et Phœbus.

Dans un *extrait*, un écrivain présente
Ce qu'un ouvrage offre de plus parfait :
En concentrant tous les sucs d'une plante,
L'apothicaire en compose un *extrait*.
Pour épurer mainte et mainte substance,
Il la réduit aux premiers élémens,
Comme un auteur, dont je plains les tourmens,
D'un vers, d'un mot, tire *la quintescence* ;
Tous deux souvent travaillent avec *feu*,
Tous deux souvent ont fait gémir *la presse*.
Vous le voyez, ils diffèrent très-peu.
Si le rimeur, trop fier de son ivresse,
Croit seul avoir commerce avec les dieux,
C'est une erreur : non moins aimé des cieux,
Grace à son art, le docte apothicaire
A de *Vénus* le secours tutélaire,
Invoque *Mars*, à *Diane* veut plaire;
Sait rajeunir *Saturne* déja vieux,
Et rend sur-tout *Mercure* 1 salutaire.

---

1 Dans le langage des Alchimistes, *Vénus* veut dire du cuivre ; *Mars*, du fer; *Diane*, de l'argent; *Saturne*, du plomb; et *Mercure*, du vif-argent.

Ainsi

Ainsi que lui, le rimeur, son confrère,
Cherche souvent *des simples* en tous lieux.
Si de l'amour célébrant la conquête,
Galant auteur de myrthe orne sa tête,
Maître Fleurant prend ce myrthe à son tour;
Et lorsqu'Agnès facile, mais honnête,
A trop payé son amant de retour,
L'arbre de Gnide en remède s'apprête
Pour effacer les traces de l'amour.

Souffrez, amis, si cette ressemblance
De mon destin suspend encor l'arrêt,
Que la raison et sur-tout l'intérêt,
Pour Gallien incline la balance.
Son formulaire a dans mon cabinet
Déja conquis le rang de Richelet,
Et sur ma porte en lettres de grimoire,
Dès aujourd'hui je mets *laboratoire.*

Oui, sur tes pas je vais enfin marcher;
Guide savant que le savant révère,
Que la beauté consulte avec mystère,
Que l'indigent ne vient jamais chercher
Sans voir par toi soulager sa misère.
Je n'aurai point une gloire éphémère,

Si, par mes soins, un jour j'ai mérité
Que chacun dise avec sincérité,
Pour mon éloge, *il fit comme son père.*

F I N.

TABLE DES MATIÈRES

DE LA SECONDE PARTIE.

(Le numéro indique la page.)

A

B

C

F

H

I

J

M

Miracles. Faits d'histoire naturelle offerts comme miracles, 14, 15, 16, 17; deux morts qui se marient, 69; une ourse défend une Vierge, 74; une pierre tombe du ciel, 75; miracle de sainte Clotilde, 78.

Mirocle, confesseur, vend un billet de confession sans vouloir entendre le pénitent, 64.

Mitout, poires molles qu'on jetoit à la tête des assistans à la procession de l'Assomption, à Dieppe, 32.

Montaigne, philosophe français, 101.

Mûrier de Pontoise, arbre d'une étendue extraordinaire, 99.

N

Nabuchodonosor figuroit à la procession des ânes, 30.

Navarre, chanoine de Roncevaux et théologien, 62.

Nina. (Voyez *Justine*).

Ninon de l'Enclos n'aimoit pas les citations, 90.

Noel, naturaliste et littérateur distingué, rapporte l'histoire de la fontaine de sainte Clotilde, 76.

O

Omphale, reine et amante d'Hercule, 109.
Orphée, poète lyrique, amant d'Euridice, 101.
Ourse. (Voyez *Miracles*).
Ovide, poète latin, auteur des métamorphoses et de l'art d'aimer, 109.

P

Panthéon. Idée d'un petit panthéon consacré aux hommes célèbres d'une seule province, 43.
Pâris, berger Phrygien, juge des trois déesses, 109.
Péché. On doit omettre un péché dans la confession quand il peut faire pécher le confesseur, 62.
Pentecôte. Usage bizarre observé à Rouen le jour de cette fête, 33.
Pétrarque, poëte, amant de Laure, 101 et 109.
Phèdre, fabuliste latin, 101.
Pierre céleste. (Voyez *Miracle*).
Pindare, poète lyrique; M. d'Albon lui a élevé une statue, 101.

nissoient les cornards le jour qu'ils installoient leur abbé, 33.

Rois. (fête des) Cérémonies bizarres qui se pratiquoient ce jour-là dans la cathédrale de Rouen.

S

Sadrégesille, précepteur de Dagobert, est mutilé par ce prince féroce, 105.

Saint-Amand, poëte, né à Rouen, 44.

Saint Augustin croyoit qu'il existoit en Ethiopie des hommes et des femmes sans têtes, 27.

Saint Clément d'Alexandrie recommande la lecture des Sibylles, 67.

Sainte Clotilde, femme de Clovis I, fit un miracle aux Andelys, 76.

Sainte Colombe, vierge et martyre; une ourse défend sa virginité, 74.

Saint Denis, évêque, porte sa tête après avoir été décapité, 104.

Saint Eustache. Son bras est au trésor de Saint-Denis, 108.

Saint-Germain-les-Vaux, village près la Hogue, où l'on observa un météore, 21.

Saint Jean-Baptiste. Son omoplate est au trésor de Saint-Denis, 108.
Saint Justin, accusé d'avoir falsifié des vers sibyllins, 67.
Saint Laurent. Son gril est à Saint-Denis, 108.
Saint Léger. Son œil est à St. Denis, 108.
Saint Loup. Une pierre tomba dans son calice pendant qu'il disoit la messe, 75.
Sainte Marguerite. Son toupet est dans le trésor de Saint-Denis, 107.
Saint Pancrace. On conserve une de ses dents au trésor de Saint-Denis, 108.
Saint Paul recommande la lecture des Sibylles, 67.
Saint Romain, évêque de Rouen, triomphe d'un dragon qui ravageoit la Normandie, 28.
Saint Vincent est rôti avec du sel et mis sur un lit de plume.
Samedi-saint. Cérémonies ridicules en usage pendant ce jour, 31.
Sanois, village près Franconville, dans la vallée de Montmorency, 103.
Sap, commune de Normandie, où un chat a couvé des œufs de canard, 15.

T

V

Y

Z

Fin de la Table.

ERRATA.

PREMIÈRE PARTIE.

Pag. 25, lig. 10 : *dit Bastien ;* lisez, *lui dit Bastien.*

Pag. *idem*, l. 15 : *Bastien est aimable ;* lisez, *Bastien est agréable.*

Pag. 39, l. 8; pag. 67, l. 3; pag. 80, l. 2 et 5; pag. 94, l. 2; pag. 98, l. 2 et 11; pag. 119, l. 14; pag. 121, l. 2 : *Hyppolite ;* lisez, *Hippolyte.*

Pag. 66, lig. 2 : *à l'andser ;* lisez, *à l'arroser.*

Pag. *idem*, lig. 12 : *pour les voyager ;* lisez, *pour les voyages.*

Pag. 147, lig. 9 : *entraînent ;* lisez, *entraîne.*

SECONDE PARTIE.

Pag. 2, lig. 1; pag. 11, l. 2, 3, 19; pag. 14, l. 14; pag. 24, l. 7; pag. 25, l. 2 et 3; pag. 33, l. 14, pag. 35, l. 6 : *Hyppolite ;* lisez, *Hippolyte.*

Pag. 12, lig. 14 : *que nature ;* lisez, *que la nature.*

Pag. 18, lig. 22 : *aisoit ;* lisez, *faisoit.*

Pag. 32, lig. 15 : *battoient les alles ;* lisez, *battoient des alles.*

www.ingramcontent.com/pod-product-compliance
Lightning Source LLC
Chambersburg PA
CBHW070355090426
42733CB00009B/1428
* 9 7 8 2 0 1 2 7 5 2 5 3 5 *